说话心理学

PSYCHOLOGY OF SPEAKING

安子 / 编著

WUHAN UNIVERSITY PRESS
武汉大学出版社

图书在版编目（CIP）数据

说话心理学 / 安子编著 . — 武汉 : 武汉大学出版社 , 2018.11

ISBN 978-7-307-20299-3

Ⅰ . 说… Ⅱ . 安… Ⅲ . 心理交往 – 语言艺术 – 通俗读物 Ⅳ . C912.11–49

中国版本图书馆 CIP 数据核字 (2018) 第 145537 号

责任编辑：黄朝昉 王婷芳　责任校对：吴越同　　版式设计：薛桂萍

出版发行：**武汉大学出版社**　　（430072　武昌　珞珈山）

（电子邮件：cbs22@whu.edu.cn　网址：www.wdp.com.cn）

印刷：三河市德鑫印刷有限公司

开本：880 × 1230　1/32　　印张：9　　字数：150 千字

版次：2018 年 11 月第 1 版　　2018 年 11 月第 1 次印刷

ISBN 978-7-307-20299-3　　定价：42.00 元

目　次
■ Contents ■

第一篇 要取得优势，先学会说话 / 002

第一课 把别人放在心上 / 004

第二课 学会问问题 / 016

第三课 做一名倾听者 / 029

第四课 同意别人的说法 / 042

第五课 移花接木转移话题 / 054

第六课 大事化小，才容易被人接受 / 065

第七课 学着和自己对话 / 076

第八课 仅仅会用嘴说话还是不够的 / 086

第二篇 要赢得成功，就要会好话 / 098

第一课 一定要让开头吸引人 / 100

第二课 把麻烦留给自己，把方便留给别人 / 112

第三课 一定要把对方当作谈话对象 / 124

第四课 要记住对方的姓名 / 136

第五课 千万别哪壶不开提哪壶 / 147

第六课 说好"挑衅"的话 / 158

第七课 施展真正有益于话题进展的幽默 / 170

第八课 一定要针对谈话对象来说话 / 181

第三篇 要获得朋友，还要会说话 / 194

第一课 一定要会坦然的沉默 / 196

第二课 一定要少说"我" / 208

第三课 要会"听话" / 218

第四课 如何回答才是正确的 / 230

第五课 会说真话 / 242

第六课 急事慢慢说，坏事好好说 / 254

第七课 会说话，还要会认输 / 263

第八课 最好的"会说话"，就是会肯定自己 / 273

第一篇　要取得优势，先学会说话

第一课　把别人放在心上

要想在谈话中取得优势，就要先让别人乐意听你说话。如何让对方乐意听你说话呢？就是要先把别人放在心上。只有把别人放在心上，把每句话都说到对方的心坎里，才能真正地学好说话，才能从心理上赢得别人的信任。

No.1　为什么要把别人放在心上

有一位成功的商人在家里宴请宾客。大家发现，这位商人无论在什么情况下，都等着儿子来给自己倒酒或盛饭。可儿子的座位离他很远，每次倒酒或盛饭时，儿子都得起身绕过客人。有几位客人提出代劳，但都被商人拒绝了。众人不解，商人严肃地说："我这样做，是让他学会把别人放在心上。"是啊，如果一个人连父母都不放在心上，又怎么会把别人放在心上呢？

在一群人中，之所以有人旁若无人地侃侃而谈，那是因为他们内心里"要让别人把我放在心上"的自我意识在作怪。为什么在独处时，很少有人会自言自语？那是因为在独处的环境里，没有人会把你放在心上。可见，每个人都希望自己说话时，别人能把自己放在心上。

推己及人，在跟人交流沟通时，首先要把别人放在心上，使别人从你的言行举止中感受到真诚、尊敬和重视。这样做，别人才会乐意听你说话，也才会把你放在心上。

只有把别人放在心上，对对方的每句话、每个行动、每个眼神，你都会留心，然后经过分析、总结，才可能在下一秒说出"好话"，而不是敷衍，令对方不快。

把别人放在心上，你才能在互动中找到机会表达自己的想法，并获取自己想要的信息。左顾右盼、满脸无所谓，把别人不放在心上，别人便无法在这种对话环境中继续说下去，于是匆匆结束。这样，你不仅没有了表达自己想法的机会，也不能给对方留下好的印象。

而从另一方面来说，在鱼龙混杂的社会大舞台中，有些人为各种目的而"格外用心"地说着话，如果我们不把他们"放在心上"，稍不留神就会被他们的话所"忽悠"。因此，想要学说话、说好话，"把别人放在心上"尤其重要！

No.2 "一心不能二用"的科学警言

现在，请你尝试做这样一件事情——"画方圆"。规则就是：一只手画方形，一只手画圆形，两只手同时开始、同时进行且同时结束，不许有先后之分。

如果你能成功完成，说明你是一个可以"一心二用"的"怪才"。《纽约时报》报道过，美国密歇根大学心理学家和神经学家经过调查研究发现，人只有在不间断地处理一件事务的时候，才能发挥最佳能效。这说明多数情况下，跟"一心二用"相比，"专心致志"的效率更高。

与别人说话时，要牢记"一心不能二用"。

我们设想这样一个情景：A与一群人说话时，小动作不断，眼神闪烁，一副心不在焉的样子。这时，B突然将话题扔给A，问他对刚才大家谈论的话题有什么看法，A如梦初醒："啊？你刚才说什么？"这就是典型的一心二用，没有把别人放在心上的表现。这种"低效率"的后果是，即使你不想从交谈中获取什么信息，也会因为不把别人放在心上而给别人留下不尊重他人的坏印象。也许别人顾及你的面子，不会当面说出来，但心里却不可能不对你的表现有所想法。

德国诗人歌德曾说过："把精力集中在有价值的东西上面，把一切对你没有好处和跟你不相干的东西都抛开。"跟别人交流时，即使只是一般意义的聊天，交谈双方也都愿意有个良好的氛围，双方能缩短彼此间情感的距离。如果是有主题有目的的交谈，双方就更愿意通过密切的交流，使交谈主题得到扩展、延伸，甚至是升华，而这些都有赖于你和交谈对象的表现。"把一切对你没有好处和跟你不相干的东西都抛开"，把对手放在心上，把精力集中在对你有价值的东西上。

学说话、说好话，请勿一心二用。唯有专心致志，才能进行一段愉快、有价值的谈话，才能达到交流的目的。

No.3　真诚地把别人放在心上

多数情况下，人们说话时似乎都能"把别人放在心上"。

在校园里，遇到自己不喜欢的老师，如果实在躲不过去，我们会强颜欢笑，驻足与老师交谈几句，好像态度很诚恳，其实言语很谨慎。那时候，是完完全全把老师放在心上的。内心里迫于老师的威严，言语上会很小心。对自己不喜欢的人，大部分人要么绕道避开，要么心不甘情不愿地将其放在心上。

在聚会时，总有一些人喜欢夸奖别人，甚至会用言语把谈话对象捧上天。当然，我们也知道，有时候这些人不过是在刻意吹捧，然而人们还是不自觉地感觉到舒服和开心。

在工作中，多数聪明的职场人都会把领导放在心上。还有些"机灵"的下属，竭尽全力表现自己对领导的忠心，表现自己把领导放在了心上。更有懂得厚黑学问的下属，尽显阿谀奉承、讨好领导的技能。

这几种人貌似是把别人放在心上，其实，第一种是迫于无奈，第二种人是为了表现自己的口才和交际能力，以自己的滔滔不绝的语言娱乐大众，第三种人则多是虚伪的人。这三种人，都不是发自内心地把别人放在心上。

俗话说，别把自己当智多星，更别把他人当傻子。任何不真诚的行为，总能被别人发现端倪。我们说，学说话、说好话，要先把别人放在心上，而把别人放在心上的前提就是真诚。你感觉自己很真诚还远远不够，关键是要让别人感觉到你的真诚。

日本松下电器总裁松下幸之助和同伴在一家餐厅就餐，一行六个人都点了牛排。六个人吃完主餐后，松下让助理去请烹调牛排的主厨过来，他还特别强调："不要找经理，只找主厨。"助理注意到，松下的牛排只吃了一半，便担心场面会很尴尬。

主厨来了，很紧张地问："是不是牛排有什么问题？"松下说，"你是位非常出色的厨师，你做的牛排真的很好吃，但是我只能吃一半。我已经80岁了，胃口大不如前。"在场的人面面相觑。松下接着说，"当面和你谈，是因为我担心你看到只吃了一半的牛排被送回厨房，心里会难过。"

如此诚恳的态度，如此真诚的语言，如果你是那位主厨，听到这样的话，会有什么感受？是不是觉得备受尊重？是不是也会由衷地佩服松下如此用心地把别人放在心上？

真诚地把别人放在心上，并不意味着不管不顾地向别人掏心掏肺、毫无掩饰。有时，即使不完全是真话，也能让对方感受到真诚。

一位女士接到男友的电话，男友在电话里说自己生病了，女士在电话中表达了关切与同情。但事后她对男友说："那天，其实我想说的是'真是个孩子，这么不会照顾自己'。"男友听到这句话，并没有生气，反而从中感受到女友对自己的爱怜。

人是复杂的高级动物，在与人对话时，真诚地把对方放在心上，说出真实的信息，实属不易。

No.4　"把别人放在心上"四原则

学说话，说好话，首先要"把别人放在心上"。"把别人放在心上"，有以下四个基本原则。

原则一，积极主动寻找话题。

无论对话者有多少，只要你身处对话中，就有义务寻找话题。如果表现出无心交谈的样子，那就是完全没有把别人放在心上，反映了你对别人的不尊重与敷衍。这一点在男女关系中表现尤为突出。如果一个男人倾慕一个女人，其言必如滔滔江水，连绵不绝。有没有把别人放在心上，从谈话开始就有表现。一个好的开端，是一场好的谈话的开始。

原则二，及时替别人解围。

我们知道，如果一个人的话题太无聊，几乎就没人愿意接话。这在一定程度上反映了人的本能——趋利性：如果我对别人的话感兴趣，能满足我的交谈欲，我就愿意参与他的话题；如果我对别人的话不感兴趣，没有想参与的愿望，我就不搭话。这说明，多数人只在有利于自身的前提下，才会把别人放在心上。真正把别人放在心上的人，是在看到当事人处于尴尬的情境中时，能够巧妙地替对方解围，至少让对方感觉他不是孤单的。

原则三，别遗漏任何一个人。

经常会有这种情景发生：一群人谈着谈着变成了两堆人，三个人说着说着变成了两个人说一个人无聊地敷衍着。我们在说话时不要遗漏任何一个人。或许这群人中有一位与你特别相投，但也不要忽略其他人，你们可以再找个时间单聊。可能这些人里有几个你比较讨厌的，但在社交场合不要轻易表露自己的情绪。

原则四，不要总是脱口而出。

和亲密友人交谈，你可以畅所欲言。不过，在一般场合下，不要总是脱口而出。一来容易说错话，给人轻率鲁莽的印象；二来快语抢言，易造成张扬之气。这两种后果都会给人一种你"没把别人放在心上"的感觉。对于对方的话，你应该仔细听，思索一番再作出回应，这有利于营造良好的谈话氛围。

课外辅导

1. 与不同的人说话，应当如何"把别人放在心上"？

与地位较低的人说话，应当表现出礼貌，因为处于社会底层的他们，最需要的是尊重；与地位较高的人说话，要不卑不亢，因为他们对俯首帖耳习以为常，最需要同等地位的"正常"谈话；与上司说话时，不要随便开玩笑，尤其是对于他们生活中的麻烦事，因为他们在工作中大权在握，在生活中却是平凡人一个；与下属说话，要多提他们的难处与切身利益，因为他们为你打工，无非是为养家糊口。

2. 如果别人不把你放在心上，该怎么办？

你把别人放在心上，别人不一定把你放在心上。遇到"热脸贴冷屁股"的情况，怎么办？套用这样一句话：别人对我不仁，我不能对其不义。至少在谈话之际，尽量把别人放在心上，不要失去说话做事的原则。人过留名，雁过留声，关键在于打造自己的形象。

3. "把别人放在心上"还有"续集"？

许多人在谈话时对别人是完完全全放在心上的，可等下次再见时，"我上次说……"别人想接着聊，你却忘记了；甚至有人在街上跟你打招呼，你已经对他没印象了！"把别人放在心上"还有"续集"，那就是记住上次他说过的重点。初次见面，就尽量把人记牢，这才是真正把人放在心上了。

第二课　学会问问题

　　为什么有的人会让你觉得跟他气场不和？为什么有的人会让你觉得和他谈话轻松愉快？其实就是因为后者善于发问。他的问题简单明了，能够直入你的内心，引导你轻松愉快地开口说话；他的问题环环相扣，让你有和他谈下去的欲望。所以，要想在谈话中取得优势，就要学会问问题。

粉丫，我想问你一个问题……

问吧。

就是，就是，就是我想知道，你昨天跟我说的那句话，到底是什么意思？

哪句话？

哪句话？

你到底要问什么呢？问的问题越具体，回答的人越省力，你半天问不出一个问题，我怎么回答你？

就是哪句话，就是……

为什么有的人，会让你觉得跟他有说不完的话？会让你觉得和他说话好轻松？就是因为这个人善于发问，他的问题简单而明了，让你有和他交谈下去的欲望。所以，学说话，就要学会问问题。

No.1 为什么要学会问问题

为什么要学会问问题？因为学会问问题，可以使交谈更加愉快；学会问问题，可以使对方产生跟你继续交谈下去的愿望；学会问问题，可以令对方感觉你很尊重他，真诚地把他放在心上。

从牙牙学语开始，我们就渴望认识世界、了解世界，就产生了一个个的疑问，并通过一个个的答案来满足我们的好奇心和求知欲。正确地提问，是达到认知目的的重要途径，也是沟通中表现诚意的一种重要方法。

众所周知，许多法学院的教授都不受欢迎，原因很简单：他们太喜欢质询。他们往往会拿出一个案例，围绕案例中所有的疑点一一向学生们发问，直到学生们把所有问题都解答清楚。为什么这种质询不受欢迎？就是因为法学院的教授们提问刻板生硬，咄咄逼人。所以我们有必要学会问问题，只有恰当地提问，才能让对方感到不厌倦。

在日常交谈中，常常会有人被评价为"这个人问题真多"，"问题真多"还不算是坏事，被人评价"这个人总问些无聊的问题"才是坏事，所以，一定要提高自己提问的技巧，学会问问题。

美国"商业周刊"管理专栏作家加里·科恩 (Gary B. Cohen) 曾经说过："提问，但是不要在你知道答案的时候用这一招。人们应该学会问那些自己并不知晓答案的问题。"科恩告诉人们，不要在知道答案的情况下为满足自己的虚荣心而故意去问别人问题，因为那不是谦虚的表现，反而容易让对方产生抵触情绪，感觉你在有意捉弄他。也就是说，我们一定要学会提出正确的问题，一定要学会恰当地提出问题。

No.2　问问题的三条黄金法则

第一条：以最合适和尊敬的方式，直言不讳地说出你想要的。

在现实生活中，孩童常常会大声地说出自己想要的东西，而成年人则很少会在交谈中直接说出自己想要的东西。当然，这并不是因为成年人没有想过直接说出自己想要的东西，而是因为成年人怕被拒绝，担心对方不合作。事实上，问问题的第一条黄金法则，就是直言不讳地说出你想要的。不说出来，你就可能失去机会。

就实践而言，问问题最重要的一步，就是问你想要问的。开始时你也许不知道怎样去问才好。不过，请不要回避——"怎样问"只是细节问题，只要说出你的想法，你就已经迈出了成功交流的第一步。

第二条：尽量找对方感兴趣的话题问。

试想，如果对方是一个球迷，而你提出的问题正好跟足球有关，那么对方就会对谈话产生兴趣，可如果你提出的问题是关于服装的，对方很可能就会觉得索然无趣。再比如，你要交谈的对象是一个正为员工跳槽问题而忧虑的私营企业主，如果你提出如何使用人才和留住人才的问题，就一定能够吸引他谈话的兴趣。

所以，尽量找对方感兴趣的话题，这样就可以大大吸引对方的注意力，提高对方谈话的积极性。

第三条：开口前先想好，得到答案后如何推进谈话。

不管问题的答案究竟是什么，不管对方是否给出答案，在开口前你都要先想好，得到答案后如何推进谈话。

你可以先问自己三个问题：

如果对方拒绝回答，就想想是为什么？

如果对方认真回答你的问题，那么你的下一个问题将是什么？

如果对方答非所问，那么谈话该如何进展？

如果在开口前，你把这些问题的答案都想明白了，那么不管对方如何回答你，你都可以积极主动地推进谈话。

No.3　问问题要问到点子上

问问题要问到点子上，那么，怎样算问到了点子上？被问者会或者可能会回答你的，并且是你急切想知道的、最能反映全面真相的问题，就是问到了点子上的问题。比如在《康熙来了》的节目中，小 S 曾经问陈冠希，现在电脑坏了他会不会去修，这个问题就问得非常尖锐。陈冠希因为电脑故障送去维修，从而引发"艳照门"，那么如今电脑坏了，他会不会再去修，就是一个大家都感兴趣的问题。

美国一个教育考察团到上海考察学习，他们希望能听一节有中国特色的公开课。负责接待的上海教育科学院精心安排了一节生物课，由一个特级教师主讲。课堂上，老师和学生互动热烈，老师问问题，学生答问题。老师教学方法灵活，重点突出，学生基本功扎实，对答如流。

讲完课，中国陪同听课的官员都情不自禁地起立鼓掌，可美国的教育专家们却面无表情、一言不发，这让讲课的特级教师颇为尴尬。当记者询问美国的教育专家听课的感受时，专家直言不讳地反问记者："既然老师问的问题学生都能回答，那这课还有上的必要吗？学生应该是带着问题走进教室，然后带着更多的问题走出教室的。"

事实就是如此，如果对于你提出的问题，对方都能顺利回答，这样的交流看起来很顺畅，但事实上却已经失去了沟通的意义。当然，中国和美国的教育理念存在着很大的差别，美国注重培养学生发现和解决问题的能力，中国则注重学生基础知识的积累。然而，在谈话中，所有问题的答案都应该是通过彼此的沟通才逐渐凸现出来的，如果彼此对答案都已经心知肚明，提问就变成了走过场，也就丧失了它原本的意义，也就是没有问到点子上。

亚里士多德有句名言："思维是从疑问和惊奇开始的。常有疑点、常有问题，才能常有思考、常有创新。"哈佛大学中也流传着一句名言："教育真正的目的就是让人不断提出问题、思考问题。"科学史上的每次重大发现也是从问题开始的：牛顿发现万有引力是从"苹果为什么会落地"这一问题开始的；弗莱明发现青霉素是从"为什么霉菌菌落的周围不长细菌"的问题开始的。

而在谈话中，真正问到点子上的问题，是让对方感觉到困惑，感觉到有必要去探究的问题。

如何问到点子上？

首先，问题的针对性要很强。

所谓针对性，就是关注细节。"世界上的事就怕认真二字。"这句话点出了问问题的四字箴言：事无巨细。问问题的时候，认真追究细节，你就肯定可以发现问题的本质。

公安机关会用测谎仪探测嫌疑犯的回答是真是假。测谎仪看起来很神秘，其实，它之所以能够测谎，和测谎过程中使用的题目关系密切。测谎仪的配套题目，全是关于细节的提问。事物的联系是普遍的，哪怕犯罪嫌疑人再精明，也会百密一疏，所以，只要以细节为突破口，总会找到我们想要的答案。

其次，要想问到点子上，还要学会观察。

神探狄仁杰曾经断过一个棘手的案子。那个案子的凶手已经承认了犯罪事实，而且还有现场目击证人，所有人都认为这件案子没有再审的必要，但是狄仁杰坚持再审一遍，于是证人再次被带上公堂。证人详细地描述了凶手的作案时间、作案手法、作案工具等细节，他说自己那晚躲在柴火垛后面，看清了凶手的长相，而"凶手"也已经心灰意冷，不再做任何辩解。

就在这时，狄仁杰一拍惊堂木，对证人大喝一声"你在撒谎！"，然后让人把证人拿下。原来，狄仁杰查到，案发当晚，弦月在后半夜，按照证人的描述，凶手的脸当时应该是逆光的，证人根本不可能看清楚凶手的面孔，于是狄仁杰认定，证人在撒谎。后来，狄仁杰继续追查细节，终于把真正的凶手以及证人栽赃陷害的事实全部查明。正因为狄仁杰观察细致，才能够把问题问到点子上。

再次，问问题要环环相扣。

相信很多人都喜欢《福尔摩斯探案集》，它称得上是一本培养提问能力的教科书。福尔摩斯根据凶案现场的各种蛛丝马迹进行提问推理，环环相扣，最终总能得到让人信服的结论并被印证。

当然，我们不需要像福尔摩斯那样去追查谈话对象每句话的来龙去脉，但是我们要学习福尔摩斯盘查证人时环环相扣的逻辑，因为只有环环相扣，才能发现问题的本质，并最终得到答案。

能否把问题问到点子上，是决定是否能够达到谈话目的的重要因素。

No.4　牢记提问方法

1. 察言观色适时提问

先察言观色，再投石问路，最后对症下药。要学会问问题，一定要懂得察言观色。在别人打电话的时候，在别人非常忙碌的时候，在别人正在休息的时候，在别人正在生气或正在难过的时候……不要一味地提出问题，也不要一味地追问答案。

2. 提问一定要注意态度

不考虑对方的感受，一味地提出自己的问题，是一种不负责任的提问态度，也不利于谈话的进行。提问的态度一定要和气、要谨慎，语速要舒缓、节奏要恰当，要给对方留下思考和回答的时间，这样才能够顺利地交谈。

3. 提问措辞要小心谨慎

提问时，一定要注意措辞。生硬刻板的话语，往往会引起谈话对象的抵触情绪，而柔和温婉的提问，则会让对方心情舒畅。有些问题，即便本身很尖锐很令人头疼，但是换一种措辞，就会让对方感觉舒服多了。比如你想知道对方最近在做什么工作，既可以问"你最近又干什么了？"也可以问"最近工作还顺利吧？"。前者是生硬的质问，很容易让对方反感，后者则是关切的问候，很容易让对方接受，并且与你开始交谈。

4. 提问也需要技巧

问问题是一种技巧，也是一门艺术。要努力学会在对的时间问对的问题，在错的时间问合适的问题，而不要开口就错。问题一般分为四类，两种是基于过程的：判断和评价；两种是基于结果的：行动和了解。

判断型：集思广益的过程，重要的是形成自己的观点，并考虑他人的观点。这类问题的目的是扩大视野，挖掘其中的各种可能性。比如：我们新产品的竞争对手是谁，为什么？

评价型：与标准对标，可以使评价过程中的重点更集中。目的是形成结论，解决急迫的事情，并使团队团结一心。比如：你最后一个季度为什么没有完成任务？

行动型：这类问题集中在未来的结果上，目的是激励他人、产生经验，并建立问责制。比如：你如何在不增加成本的基础上改善工作业绩？

了解型：重点是了解当前或过去的状态。目的是解释信息，对过去行动的影响达成共识。比如：我们可以从之前通过电子邮件所做的优惠服务调查总结些什么？

在交流中，提问时一定要掌握技巧，明确自己究竟要提出什么类型的问题，这样才能达到自己的目的。

课外辅导

1. 提问的目的是什么?

当你提出问题时,首先要明白自己提问的目的是什么。只有周全地思考,准备好你的问题,才能达到目的。草率地发问,只能得到草率的回答,或者根本得不到任何答案。

2. 提问的过程给予对方帮助。

表明你愿意在寻找答案的过程中做出努力,给予对方帮助,能够得到对方的积极合作,才能够维持谈话的互动。你愿意给予帮助,表明了你的诚心,也说明你有找到答案的能力和决心。

第三课　做一名倾听者

倾诉是人的本能，是人从一开始就依赖的生存之道。认真倾听对方的提问和回应，不仅有助于你理清思路，更有助于对方获得心理认同。

No.1　为什么要学会倾听

很多人自恃有随时随地侃侃而谈的本事，在任何场合都不忘露一手。他们运用娴熟的语调、俏皮的话语，以期达到让人难忘的谈话效果。可是他们忘了，交流沟通是两个人或者多个人的事情，一个人说得再热闹，也是孤掌难鸣。听不到对方的回应，就很难确定对方是否真的听明白了自己的话，而自己又是否真的得到了认可。

其实，所有的人，包括你我在内，都喜欢"说"。为什么喜欢说？因为我们都有交流和倾诉的欲望，我们渴望自己的思想、自己的行为和自己的成绩得到别人的好评、社会的赞赏。既然人人都喜欢"说"，那么要想学会说话，就应先学会倾听，只有先学会了倾听，才能让我们的交流对象有和我们说话、听我们说话的意愿。

而且，要想会说话，肯定先要听别人说话，只有听多了，才能知道什么话该说，什么话不该说，各种话该怎样说。一个好的学习者，应该是一块海绵。学习说话也一样，要不断地汲取别人谈话时的优点，用来完善自己的说话方式。

有这样一个故事：在一个仓库里，有个人的一块手表丢了，大家竭力寻找，却怎么也找不到。后来，一个小孩在这几个人休息的时候来到了仓库，他趴在地上，找到了那块手表，因为他用耳朵听到了手表指针滴答转动的声音。

造物主给了我们两只耳朵，一张嘴巴，就是要我们多听少说。要想找到谈话中的瑰宝，就必须学会倾听，倾听对方的声音，倾听对方话语中的含义、倾听谈话的方向，只有这样，才能不让自己和谈话脱节，才能不让谈话和最终的沟通目的脱节。

No.2　巧妙利用谈话中的霍桑效应

1924 年，美国国家研究委员会组织了一次很有名的心理实验。由研究委员会的心理学家及各方面专家组成的研究小组，以美国芝加哥郊外的霍桑工厂为研究对象，开展了一系列的"谈话实验"。

霍桑工厂是一家制造电话交换机的工厂，虽然这个工厂具有较完善的娱乐设施、医疗制度和养老金制度等，但员工仍然愤愤不平，生产状况也很不理想。研究小组的研究课题就是"生产效率与工作物质条件之间的关系"，研究方法中较为重要的步骤就是"谈话实验"。

这个研究持续了两年多，在这两年多的时间里，专家们找工人个别谈话两万余次，并规定在谈话过程中，专家们必须耐心倾听工人们对厂方的各种不满意见，并做详细的记录，而且对工人的不满意见，不准反驳和训斥。

这一"谈话实验"看起来未免有些偏颇，然而却收到了意想不到的效果：霍桑工厂的产量大幅度提高。究其原因，就是因为长期以来，工人们对工厂的各种管理制度和方法有诸多不满，又无处发泄，而"谈话实验"让他们把这些不满都发泄了出来，从而使他们感到心情舒畅、干劲倍增。后来，社会心理学家将这种奇妙的现象称为"霍桑效应"。

在现实生活中，"霍桑效应"普遍存在，如果你能做到认真地倾听别人的倾诉，别人自然会对你抱有好感，会进一步向你袒露心迹。只有一个人愿意向你开诚布公，你才能够真正成为他的交谈对象，进而通过谈话促进你们之间的情感交流，最终达到谈话的目的。这也就是为什么我们在难过的时候想找人聊天，在开心的时候，想找人分享。因为我们是群居动物，我们需要倾听者，以此让我们的心理得到满足。

很多心理医生都说，其实病人来看心理疾病，最想得到的并不是心理治疗，而是倾诉对象。大部分病人上来就喋喋不休地说，这个时候，不要试图打断他们，因为他们来看病，就是来倾倒他们堆积在内心的那些垃圾、那些伤害，让他们把这些对心灵无益的东西统统抛弃掉，他们也就会慢慢清醒起来、开心起来，心理疾病也就不再那么严重了。

在对话中也一样，如果在对方试图讲话的时候时常打断他们，哪怕是接过话茬继续谈论类似的内容，也容易打消对方的谈话欲望。对方会认为自己得不到理解，产生交流上的孤独感。

所以做一个倾听者，是学说话的前提。"霍桑效应"存在于各种谈话的情境中。心理学家通过研究表明，每个人在说话时，都有首位心理定势，即每个人都有首先要把自己想说的话说完的心理需求，直到他把自己的事情全部说完，首位心理定势得到了释放，他才会转而听取你的意见。所以，假如你想让对方接纳自己的意见，就必须先学会倾听。当对方的心理定势得到了释放和满足，他就会在潜意识里认为你尊重他的意见，进而产生和你继续沟通的欲望。

最会说话的人，都是最会倾听的人。当年舌战群儒的诸葛亮，在自己的意见遭到反对时，在别人故意激怒自己时，总是耐心地听对方把话讲完，然后进一步请对方重复其谈话中的某些观点和理由，接着还会询问对方是否还有别的什么事情要说。等对方全部说完之后，他才逐字逐句地反驳对方。这样就能够消除对方的抵触情绪，也能够让对方心服口服。

No.3 学会做一个主动的倾听者

小时候，父母长辈常常会这样叮嘱我们："大人说话，小孩莫插嘴。"很多孩子都会觉得长辈们剥夺了自己的发言权，其实不然。在我们成年之后，就会逐渐意识到，在交流和沟通的过程中，说话宜少不宜多，宜小心不宜放任。任性而为、肆意发言，不仅会阻碍交流和沟通的脚步，还有可能让对方对和你谈话产生抵触情绪。所以，一定要学会闭上嘴巴，倾听对方说话。

不要说自己不会倾听。其实，在生命形成的过程中，最先学会的并不是说话，而是倾听。很多孕妇都有这样的体验，在怀孕期间，腹中的胎儿对外界是有感应的，比如播放轻音乐，孩子就会很安静；播放摇滚乐，孩子就会在肚子里翻转。医学家通过研究发现，胎儿可以通过羊水的波纹感知外面的一切声音。所以，听觉其实是人的一生中最先拥有的感觉。

不过要想真正学会倾听，也并不是那么容易。做一个好的倾听者，不仅仅要竖好自己的耳朵，还要学会引导，学会做一个主动的倾听者。所谓说者无心，听者有意，要学会从错中听对，从无中听有，"于无声处"谛听即将响起的惊雷。在这方面，我们应该多向善于发掘孩子们的创造能力和动手能力的老师们学习。一个好的老师，一定是一个主动的倾听者。

比如在小学教学中，数学老师教授"角"的概念时，引导孩子们在课堂上跟老师一起画"角"，一定会有一些孩子画出奇形怪状的"角"，这个时候，循规蹈矩的老师就会批评那些没有严格按照老师的要求画"角"的孩子，而善于启发的好老师，就会询问孩子们究竟画的是什么，鼓励孩子们的奇思妙想，并由孩子们那些奇形怪状的"角"出发，教孩子们学会什么是"角"，什么是"三角形"，什么是"平行四边形"……这不仅帮助孩子们拓展了思路，也鼓励了孩子们积极发现和创造。

所以，真正的主动倾听，不仅可以取悦对方，让对方感受到尊重和认可，还可以达到说服对方、共同创新的效果。

按照投入状态来分，心理学家们总结出了四个层次的倾听状态：心不在焉地听，被动消极地听，主动积极地听和感同身受地听。

倾听最忌讳的，就是心不在焉地听，不在意对方究竟在说什么，甚至完全走神。

消极被动地听也不正确。如果你一开始就在心里为此次对话下了消极被动的定义，那么在听的过程中，一定会随时想到去辩驳，而不是积极沟通，共同将谈话和谐愉悦地进行下去。

主动积极地听，才是真正主动的倾听。主动认可对方的谈话积极赞赏对方的观点，这样才能让对方感受到你的诚意，让对方产生继续说下去的欲望。

感同身受地听，设身处地地听取对方的意见，权衡对方的谈话，尊重对方的提问，这样的倾听，是最有效的主动倾听，能够营造良好的谈话氛围和人际关系。

据统计，在日常的交流和沟通中，有一半的人，都是心不在焉地听，三分之一的人，是在消极被动地听，只有少数人能做到主动积极地倾听或者感同身受地倾听。要学说话，就要学会做一个主动的乃至感同身受的倾听者，只有这样，你才能真正做到双赢，赢得沟通的胜利。

No.4　牢记倾听五原则

要学说话，首先要做一个成功的倾听者。以下五个原则，是营造良好谈话氛围，成功倾听的关键所在。

原则一，及时认可对方。

当对方看到你点头时，会感受到你的认可；当对方听到你的称赞时，会增添一份自信；当对方得到你的回应时，会更积极地与你沟通。反之，如果你态度消极，对方就难以信任你，难以与你继续交谈。

原则二，全心投入不走神。

交谈时，最好保持与对方的目光接触，必要时，配合适当的姿势与手势，以表达对对方的理解和赞同。没有谁愿意与一个目光游移不定的人深谈。全心投入，观察对方的表情、肢体语言、语气语速，不仅能够让对方感受到你的重视和尊重，还能够让你迅速解读出对方的言外之意。

原则三，适当提问引导交谈。

如果只是一味地点头认可，不加以提问，对方在说完了自己想说的话之后，就会觉得无话可说了，因为你没有相应的回应，也没有加以提问。适当地提问，可以避免让对方在交谈中产生一个人在唱"独角戏"的感觉，也便于你引导谈话的方向，更利于你达到谈话的目的。

原则四，莫要逃避交谈的责任。

作为一名良好的倾听者，就算听不明白对方在说什么，也要用最好的方式让对方明白，他没有表达清楚自己的观点。比如适当追问他刚才的话语，再比如轻声细语请对方解释。切莫闭口不言，拒绝交谈。

原则五，学会礼貌地插话。

培根曾说："打断别人，乱插嘴的人，甚至比发言者更令人讨厌。"打断别人说话是一种最无礼的行为。然而在必要时，插话不仅可以沟通彼此的感情，还能够为对方"锦上添花"。只是插话一定要看好时机，不要早一步也不要晚一步，机会一到，该说就说。不过插话时切记，不要用不相关的话题打断别人说话，也不要用无意义的评论打乱别人说话，更不要抢着替别人说话。

课外辅导

1. 如何插话，才有助于达到最佳的倾听效果？

当对方想要向你倾诉某件事情，却担心你可能对此不感兴趣而面露犹豫、吞吞吐吐时，你可以主动而温柔地鼓励对方："你说，你说。"谈话间隙，你可以说"接着说"或者"是吗？""哦"。这些话能让对方明确地知道，你很愿意听他讲话。

2. 如果对方是情绪容易失控的谈话者，倾听中如何缓解谈话气氛？

有的人很容易对谈话或谈话对象产生敌对情绪，这个时候，你需要用一些话语来缓解疏导对方的情绪。比如"你的确会感到气愤""这确实让你心烦""你心里会有些不好受"，等等。这些话，能让对方从自我情绪中解脱出来，让对方感受到你的理解和同情，从而可以更从容地和你沟通交流。

3. 倾听中怎样实现及时回馈，让对方感受到你的诚意？

在倾听中，要及时回馈。你可以在对方谈话的间隙，用一两句话来"概括"对方的谈话内容，表明你一直在听，这就能够让对方感受到你的诚意。"你是说……""我知道，你的意见是……"或者用商量的语气说"你想说的是这个意思吧……"这些概括性的回馈，既能及时地验证你对对方谈话内容的理解程度，加深他对你的印象，又能让对方感受到你的诚意。

第四课 同意别人的说法

每个人都希望别人认同自己。在马斯洛需求理论中，人类在吃饱喝足之后，最需要的就是社会的认同。所以，大家都喜欢志同道合的朋友。所谓志同道合，就是能够相互得到认可。

No.1　学会尊重对方的观点

孔子提倡人要做到"礼、义、仁、智、信"，即做人的基本原则就是自身修养好，懂得尊重别人，讲礼貌，诚实守信。这也充分说明了，要想得到别人的尊重，首先要做的就是学会尊重别人，而尊重的前提就是学会认同。所以，同意别人的说法，是学说话中至关重要的一个环节。

在现实生活中，每一个人都希望得到别人的认可和尊重，这也是人们的一种基本的心理需求。无论在上下级之间、同事之间还是邻里之间、夫妻之间、朋友之间，甚至是陌生人之间，都要学会相互尊重。尊重对方的工作性质、志向选择；尊重对方的个人隐私、语言形态。俗话说，人敬我一尺，我敬人一丈，也就是这个道理。一个有道德有修养的人，会时时刻刻关心他人的存在，在谈话中善于换位思考，领悟他人所表达的意思，从而了解和尊重对方。

从某种程度讲，学会同意别人的说法，就是尊重他人的一种体现，是一种素质、一种智慧和一种胸怀。它体现了理解、信任、团结及平等。同意别人的说法，不仅可以为对方增加自信，为对方增强力量，还等于尊重自己。

同意别人的说法，并不等同于同情、怜悯，更不是赏赐，而是在尊重别人的同时尊重自己，因为谈话中的认可通常不是单向的，而是相互的。

认可也需要技巧，尊重也需要勇气。尊重曾经对自己有成见的人，才能消除误解；尊重曾经批评过自己的人，才能和对方成为真正的朋友；尊重在竞争中获胜的人，才能真正认识自己；尊重能力比自己强的人，才能提高自身的能力；尊重为社会创造财富的人，才能使自己积累更多的财富。以尊重为基础的同意，是平等的、开放的、积极的，也是友善的。

No.2 巧妙利用自我认同理论

人是社会的一员，有着社会性的特征。人在生活中总是需要被认同的。剑桥大学教授吉登斯致力于社会学的研究，是英国著名的社会理论家和社会学家。他曾对社会学史上各种流派做过系统的批判性的考察，并认为那些具有自我认同的人能够理智地看待并且接受自己以及外部世界，精力充沛，热爱生活，有自己明确的人生目标，并在追求和接近目标的过程中体验到自我价值以及社会的承认与赞许，通过这种认同来巩固信心和自尊，并拥有健康和谐的人际关系，有很好的适应能力，尊重自己以及他人的需要与情感。

从小时候起，我们就希望得到认同。小时候，我们希望得到的是父母的肯定，我们最愿意听到的是父母对自己说"你最棒了"。上学之后，我们希望得到老师的赞许，我们努力学习，取得高分，除了希望父母高兴以外，更希望得到老师的表扬，获得老师的关注。进入青春期，我们开始有自己的朋友，我们希望自己的做法或是想法能够得到朋友的认同，并且希望与朋友趣味相投。工作之后，我们希望得到上司、老板的认同，我们辛苦地熬夜加班，是希望得到客户的认同。

可以说，人在追求自己人生价值的过程中，是或多或少需要别人的肯定和赞同的。第一步就是从说话开始，人与人见面时，总要寒暄，总要有所表达。无论是朋友之间交谈，或是面试时的应答，或者其他情况下，人都是处于一种人际关系之中的，因此说话是必需的。

赞同他人的说法是拉近彼此之间距离的有效方法。无论是表达相同爱好，或是其他相同经历，更或者是赞同某种看法、理论，都算是赞同，表达出彼此之间的共同点，可以为之后的谈话打下基础。

1984 年里根为了竞选总统，与对手蒙代尔进行电视论辩。在论辩中蒙代尔自恃年轻力壮，竭力攻击里根年龄大，不适宜担此重任。而里根却并没有像蒙代尔那样利用对方的劣势来进行抨击，相反，他只是针对蒙代尔所提到的自己的劣势来进行回答。里根说："蒙代尔说我年龄大而精力不充沛，我想我是不会把对手年轻、不成熟这类问题在竞选中加以利用的。"这一绝妙的回答立即博得全场的热烈掌声。最后，选民们接纳了里根。

有时候我们不需要也没有必要为了获得胜利而把对方的缺点暴露出来，这样只会使别人觉得你在耍小聪明。我们要是承认自己的不足，赞同他人的观点，反而会获得别人的认可。

因此，做一个赞同者，是学说话的前提。每个人心里都存在着希望被认同的心理，"自我认同"的需要存在于对话双方的心里。心理学家通过研究表明，人在满足了最基本的生理需求、安全需求之后，会逐渐产生更高层次的需求，比如尊重需求。人们通常会在各种场合用各种形式来实现这一需求。

谈话作为人们基本的交流方式，往往也会成为人们实现尊重需求的一种方式。只有当对方的这种需求得到了满足，他才会转而听取你的想法。所以，想要对方接受你的意见，那么你首先要接受对方的意见，让对方感受到你是认同他的看法的，进而使对方产生听你说话、接受你的说法的欲望。

最会说话的人，通常都是懂得如何赞同对方看法的人。这样的人往往会仔细寻找谈话内容中的相同点，然后就这一相同点进行交谈，让对方感受到你对他的认同，这样谈话才会很顺利，双方也会很愉快。

No.3   在信任和宽容的基础上做一个积极的赞同者

从小到大，我们总在渴望别人的认可和喜爱。我们曾经渴望父母、老师、同学的认可与同意，渴望恋人、友人和上司的认可与欣赏。然而，能够主动认可别人的人并不多。

很多人喜欢标榜自己，喜欢展示自己的观点，喜欢在谈话中"独占鳌头"，而不是同意别人的说法。这就是为什么有的人总是很难和别人沟通和交流，因为他总是否定别人、肯定自己，又有谁愿意和一个不停地否定别人而不是同意别人的话语的人长久地交谈下去呢？

不要说自己不会认同别人，那是因为你心里一直排斥这种认同。很多人会担心，如果自己和别人一样，那么如何突显自己呢？如何标新立异，如何让自己得到别人的注意？但是也不要忘了，当你一个人被突显出来的时候，产生的或许不是鹤立鸡群的骄傲，而是孤独无伴的痛苦。

所以，别说你是否喜欢交谈的对象，也别说你是否赞同他的观点，先学会同意对方的说法，才能够继续交谈。哪怕接下来你要说的话是"但是"，至少也先给了对方一定的肯定，这样，谈话才能够继续下去，交流才能够顺畅愉快。不要说你和对方观点不同，不要说你不欣赏这个人，要学会和形形色色的人打交道，就要先学会同意对方的说法，哪怕你并不欣赏这个人。

要同意对方的说法，更好地与人交流，先要学会信任对方。信任是有效交谈的基础。古人云：人之初，性本善。在我们刚刚进入社会之时，大都会信任谈话对象，并且愿意坦诚相待。随着在社会里摸爬滚打，我们开始学会了怀疑，学会了提防，在谈话中，学会了疑虑重重、紧闭心门。试问，如果你不信任对方，又如何去接纳对方的观点，同意对方的说法？

雨果曾说："世界上最宽阔的是海洋，比海洋宽阔的是天空，比天空宽阔的是人的胸怀。"是的，有多大的胸怀，就有多高的境界；有多高的境界，就能干多大的事业。在谈话中信任对方，并且宽容对方，才能够做到真正的沟通和了解，才能够将谈话进行到底。

当然，这里的信任和宽容，并不是说不加思考、不加分辨地接纳对方，而是说，在谈话的最初，要以信任和宽容为起点，只有这样，才能够不断地接纳积极的信息。宽容是一种非凡的气度，是对人对事的包容和接纳，是一种高贵的品质、崇高的境界，是精神的成熟和心灵的丰盈，你对别人宽容了，世界也就向你敞开了。

只有以信任和宽容为基础，才能在遇到与自己不同的观点时，不在头脑中迅速思索如何反驳，而是寻找共同点，然后迅速进行拓展和修正。

积极主动地听，然后主动地去认同对方的观点，才能使对方感受到你的真诚，对方才会产生继续说下去的欲望。感同身受地听，设身处地地想，积极地认同，而不是敷衍应付地赞同，才是一个真正积极的谈话者，才能实现一次真正有效的谈话。

No.4　牢记赞同三原则

原则一，及时点头认可对方。

当对方看到你在点头，会感受到你的认可，会有继续说下去的信心，也会认为你在认真听他所说的话。相反，如果对方说了一大堆话，但是看到听话的人完全没有反应，会使说话的人产生挫败感，不愿再继续说下去。

原则二，全心投入不走神。

交谈时，最好保持与对方的目光接触，必要时配合适当的姿势与手势，以表达对对方的理解和赞同。谈话过程中，对方最忌讳的就是自己说话可是别人没有在听的这种情况，这会使对方瞬间失去说话的欲望。并且如果你没有认真在听，那么就算你之后赞同对方的观点，对方也只会觉得你在敷衍，并非是真正的赞同。

原则三，适时地插话。

培根曾说："打断别人，乱插嘴的人，甚至比发言者更令人讨厌。"我们从小也被教育不要随意插话，那样显得不礼貌。但是我们会发现，适时地插话既可以表明自己在听对方的谈话，也能体现自己在思考这个问题。但是我们要注意，插话的内容不应该是反驳的意见，而应该是与话题相关联的问题，这样也算是一种赞同。

课外辅导

如何从心理上实现对对方的谈话内容的同意与认可？

要想真正从心理上同意对方，一定要去掉自我中心主义。

自我中心主义是瑞士心理学家皮亚杰提出的概念，指婴儿在判断和行为中有受自己的需要与感情的强烈影响的倾向。婴儿很难离开主观感情去客观地判断与理解事物和情境，他们主要是根据自己的主观印象来推理外在世界，不注意对方的意图而回答问题。皮亚杰把这种婴儿时期的思维特征称为自我中心主义。

皮亚杰还提出，幼儿18个月之后，就会发生"脱离自我中心"的心理过程，这时儿童的身体、动作就会参照其他事物来做出反应和改变。而在我们成长的过程中，也需要不断地"脱离自我中心"，就像古希腊哲学家苏格拉底所说的，"那些想要改变世界的人首先要改变自己"。

所以，在人际交往中，要从心理上做到对对方的谈话内容的认可与同意，就要做到不以自我为中心，不要把"我"当成最重要的，要把使用频率最高的"我想""我认为"，改成"你觉得呢""你看呢"，只有这样，才能够不断地"脱离自我中心"，学会和别人说话。

第五课　移花接木转移话题

　　如果对方提起了一个你完全不想接的话题，不必急着反驳，而是要巧妙地把对方热衷的话题，连接到一个很接近你的意图的方向，这才是获得谈判优势的诀窍。很多时候，我们并不一定了解对方所提及的话题，但这并不意味着我们就必须沉默不言或者坚决反对。要让谈判自然进行，我们可以移花接木，发起另一个相关的话题，话题转移对了，就能够获得属于自己的优势。

055

No.1 为什么要学会转移话题

沟通交流时，难免会出现一些意想不到的情况，比如我们不小心说错了话，或者对方突然提起一个我们不愿涉及的话题。心理学研究表明，人们在紧张的心理状态下，很容易把注意力转移到另外的事情上。巧妙地转移话题，不会让挑起不合适话题的一方难堪，并可以令谈话顺畅地进行下去。同时，巧妙转移话题，也会让谈话更加紧扣主题，从而达到预期的谈话效果。

在纽约国际笔会第 48 届年会上，有外国记者问中国代表陆文夫如何看待性文学，陆文夫说："西方朋友接受一盒礼品时，往往当着别人的面就打开来看。而中国人恰恰相反，一般都要等客人离开以后才打开盒子。"一个生动形象的语言借喻，不仅解答了西方记者的问题，也巧妙地转移了话题，赢得了与会记者热烈的掌声。

在西方国家的党派交锋中，我们经常可以看到这样的场面：某一党派的议员言辞激烈地质问，而另一党派的议员则不慌不忙地将话题转移。

"关于这个话题，正如您所言，是有道理也是有必要的。但是，对于国家而言，重要的不是……，而是……"诸如此类的回答，就巧妙地将话题转移开来。我们把这种转移话题的方法叫作"移花接木"法，即在谈话中，巧妙地运用措辞，将对自己不利的话题岔开。

移花接木法在日常生活中的应用十分广泛，比如孩子吵着要买某样东西，家长不想给孩子买，聪明的家长就会突然指着天空，对孩子说："快看飞碟。"孩子的注意力就会被吸引，也就会暂时忘掉自己刚才吵着要买的东西。这种方法也被称为"对话中的飞碟战法"，是非常高明的移花接木法。

不管是高明的"对话中的飞碟战法"，还是类似"不是……而是……"等和平地转移话题的方法，都值得我们好好研究，好好学习。

No.2 学会幽默地转移话题

转移话题的方法有很多，幽默地转移话题无疑是最受欢迎的，在谈判陷入僵局时尤为有效。幽默地转移话题，看起来似乎有些跑题，似乎走了弯路，但是通过这样的移花接木，谈判双方最终往往能达成共识。

1988 年 7 月 22 日，日本前首相中曾根康弘在莫斯科的克里姆林宫和苏联共产党总书记戈尔巴乔夫举行过一次扣人心弦、剑拔弩张的会谈。

那天，戈尔巴乔夫的情绪一直不稳定。会谈中，他居然用拳头将桌子敲得砰砰作响，气愤地说："据说，在日本有人说什么'今后只要日本持续不断地增强经济力量，苏联便将乖乖地屈服于日本，与日本进行经济合作'，这真是大错特错。苏联，决不屈服。"

中曾根康弘也不示弱，口气强硬，反驳戈尔巴乔夫："尽管如此，加深两国的交往也是有必要的。阻挠两国关系发展的，正是北方领土问题。造成这个问题的原因，在于斯大林错误地向属于北海道的岛屿派遣了军队。"中曾根接着补充道，"我毕业于东京大学法律系，您毕业于莫斯科大学法律系。我们同属法律系毕业生，理应了解国际法、条约和联合声明是何物。国际上都承认日本的主张是合理的。"

与会苏联高层听到这里，顿时紧张得直冒冷汗，他们怕戈尔巴乔夫会突然发怒，怕这次会谈被沦为笑谈。可出人意料的是，戈尔巴乔夫不仅没有发怒，反而露出了笑容，他不紧不慢地答道："我学法律学得不够好，所以成了政治家。"戈尔巴乔夫用看似自嘲的一句话，巧妙地避开了中曾根的挑衅，终于让会谈得以继续，可谓四两拨千斤。

在紧张的交谈中，巧妙地加入一些幽默元素，不仅可以缓解紧张的气氛，也可以把话题变得轻松幽默，争端也会迎刃而解。

当然，转移话题有难度，只有对语言驾轻就熟，才能恰当地转移话题。转移话题需视具体情况和具体对象而行，切忌不着边际，随心所欲。而且，转移话题虽不涉及正题，但必须与主题有关，做到"形散神不散"，才是真正地移花接木。

No.3　转移话题的三种情况

情况一：话题与交际目的不符

当交谈的话题向不利于自己的方向发展时，必须转移话题。在人际交往或商业活动中，要时刻保持警惕，让话题顺着有利于自己的方向发展。

例如，在一家绣品商店里，一个女顾客在挑选被面，她看中了一条，正准备购买时，发现图案中有一枝梅花。迷信的女顾客略还犹豫地说："梅，霉，倒霉的霉，我不买了。"此时店员灵机一动转移话题说："您一定听过'梅开五福'这句老话吧，梅花都是五瓣，它是吉利的象征。"客人觉得店员说得很在理，就开心地买下了被面。如果店员不会机智地转移话题，按"倒霉"的话题谈下去，那势必卖不出被面。

情况二：话题敏感，不便回答

有时候，谈话会涉及敏感或个人隐私的话题，让人左右为难，尤其是问话者无心冒犯时，更让人觉得为难。这时，转移话题既可以让自己避免尴尬，还可以让对方知道对方这个问题不便回答。

日本影星中野良子有一年到上海时，有影迷问她："你准备什么时候结婚？"中野良子微笑着说："如果我结婚，就到中国度蜜月。"中野良子的回答很巧妙，把"婚期"这种容易引起媒体炒作的问题避开了。而说"到中国度蜜月"，又可取悦中国影迷。用"如果"这一不确定的假设词语，表现出中野良子过人的语言应变能力。

情况三：交谈目的已达到，或话题已充分展开

在交谈中，即使是最好的话题，也有暂时冷场的时候，此时就需要转换话题。

例如，一群球迷就网球巨星费德勒是否走下神坛这个话题展开讨论，大家分析当今男子网球的发展，分析费德勒各项技术的实用性和费德勒的心理状态，分析各路选手对他的威胁。

近2个小时后，众人终于达成共识。大家一致认为，费德勒确实到了走下神坛的时候了，众人随即陷入沉默。过了好半天，才有一个人说道："今天天气真不错啊。"大家没精打采地应和几句后，随即离开。假如在费德勒是否走下神坛的话题结束后，能够适时转移话题，那么场面就不会尴尬了。

No.4 转移话题四大技巧

技巧一：节外生枝

漫无边际的谈话总是少数，很多时候，谈话还是会围绕一个主题进行。碰到某个不感兴趣的主题时，多数人会心生厌倦，又不好意思终止话题，却明显表现得心不在焉，令气氛显得沉闷，也令挑起话题的人觉得尴尬。其实，我们完全可以采取"节外生枝"的方法转移话题。在遇到某个自己不感兴趣的话题时，可以先耐心地听几分钟，然后发表自己的意见，借着这个话题转移到自己的事或近来发生在身边的有趣的事。

技巧二：巧转视线

如果遇到自己不想谈论的话题，我们可以巧妙地转移视线。比如我们可以将视线转向窗外，并借机谈论天气的好坏或窗外的风景；我们也可以把视线集中到谈话人的衣着打扮上，夸奖一下对方穿着打扮很有品位，并可根据需要向对方讨教一些穿着打扮以及护肤的技巧。这样不仅可以巧妙地岔开你不感兴趣的话题，还会让谈话对象倍感亲切。

技巧三：先声夺人

这需要有敏锐的观察力。根据对方说话的引子，预感到接下来的话题你完全不感兴趣，那么，你就先声夺人地抛出一个你比较感兴趣的话题，然后对此进行讨论，并不时让对方就你的话题发表高见，态度诚恳地让对方为你指点迷津，趁机让对方忘却他要展开的那个话题。

技巧四：装疯卖傻

这是没办法的办法，如果碰到自己实在不愿谈及的话题，又没办法把话题给岔开，那就装疯卖傻吧。对方说西，你就说东；对方说人，你就说事；对方谈工作，你就谈家事……这么做时，要铭记一点，那就是要表现出很真诚的样子，自始至终装作没有恶意地误解对方的谈话意图。对方也不会傻到看不出来你不喜欢这个话题，也会适时调整自己，寻找双方都感兴趣的话题。

转移话题的技巧很多，但是万变不离其宗。转移谈话话题要做到三点：一要看准时机，二要灵活打岔，三要主动出击。能做到这三点的人，就不会惧怕对方抛出的任何话题了。

课外辅导

转移话题虽说是谈话技巧中高明的一招，可是也不能乱用，要注意以下几点：

1. 避免以自我为中心，要让每个交谈者都感到愉悦；

2. 不要伤害谈话对象的感情；

3. 转移话题时多以提问的方式进行；

4. 察言观色，留心听众反应；

5. 谈话中尽量不要去纠正别人的错误。

第六课　大事化小，才容易被人接受

　　把需要对方帮忙的事，拆解成很具体的，让对方听了不会马上就失去耐心的小步骤，然后提出最小的要求，这样不会被立刻拒绝。如果你向对方提出请他搬走泰山，他肯定会觉得你的脑子进水了，然后坚决地拒绝再次和你对话。然而，如果你请对方弯腰捡起地上的一块小石头，他一般不会拒绝，而小石头垒多了，最终也能变成泰山。

你又怎么了?

你能借我20条小鱼吗?

20条小鱼，天啊，你想吃成大胖子吗?

我的意思不是今天要借20条小鱼，我想每天借4条小鱼，送给我妈妈。我妈妈病了，不能去小河捕鱼。

你还是没学会说话、学说话，要学会大事化小，才容易被人接受。你刚才吓坏了我一跳，我还以为今天就要借给你20条小鱼呢!

哦，怪我没说清楚。

一天4条，搭拉丫的的嘛，嗯，我觉得可以借。

给，这是今天的四条小鱼，你赶紧给你妈妈送去吧。

记住喽，以后托别人帮忙的事，所提的要求要小的，别人听了不会一下就失去耐心的，一个一个的小步骤，先商出最小的要求，才不会立刻被拒绝。

No.1　学会大事化小、循序渐进地说话

国际著名的数学大师华罗庚曾说过："要循序渐进！我走过的道路，就是一条循序渐进的道路。"中国有句俗话："一口吃不成个胖子。"无论我们做什么，想要达到什么样的目的，我们都必须一步一步地向前走。

秦国于公元前 221 年统一六国，建立了秦朝，秦始皇成为了中国第一位皇帝。但秦国并不是一口气灭掉六个国家的，而是在 10 年的时间中，先后灭掉了北方的燕国、赵，中原的韩国、魏国，东方的齐国和南方的楚国。并且秦王嬴政从公元前 238 年即位开始，就开始重用李斯、尉缭等人，积极推动统一战略，从军事组织、策略、资源配置与获取以及人力资源配置、薪酬激励等方面来进行安排和部署，最终统一了六国，建立了中国历史上第一个大一统王朝——秦朝。

大事如此，小事也一样，说话更是如此。无论是说服他人赞同自己，还是请求别人帮忙，都应该大事化小、循序渐进，这样才会达到说话的目的。

假如有人请你帮忙时，第一次便请求你搬走泰山，你肯定会觉

得这个人的脑子进水了，然后坚决拒绝再和这个人进行对话。然而，如果对方只是请你弯腰捡起地上的一块小石头，你却不一定拒绝，顺手便可以捡起来。然而不要忘了，小石头垒多了，也能变成泰山。

我们在提出谈话主题的时候，要尽量把事情细化，让这些事情看起来很容易就可以完成，这样对方就不会拒绝你的请求，可以确保谈话的顺利进行，最终循序渐进，达到你想要达到的目的。

托尔斯泰说过："要有生活目标。一辈子的目标，一段时期的目标，一个阶段的目标，一年的目标，一个月的目标，一个星期的目标，一天的目标，一个小时的目标，一分钟的目标。说话、做事都要有目标。"

托尔斯泰是从时间上来分配自己的目标，我们还应该从谈话的性质上来划分目标。把大目标细化，分解成一个个的小目标，通过对一个个小目标的实现，来达成自己最终的目标。

No.2　登门槛效应：大事化小有助于让别人逐渐接受自己

我们常常会遇到这样的情形：当我们要求别人帮忙时，别人会不假思索地拒绝。在这样的情形下，别抱怨对方，主动想想自己的问题，是不是自己的语言表达有问题？是不是自己提出的要求让对方感到无能为力？其实很多时候，对方不是不想帮助你，而是你没有将大事化小，让别人感觉无从下手，无法帮你，在这种情况下，对方只能拒绝。

1966 年，美国社会心理学家弗里德曼与弗雷瑟做过一个实验：派人随机访问一组家庭主妇，要求她们将一个小招牌挂在自己家的窗户上，这些家庭主妇愉快地同意了。过了一段时间，再次访问这组家庭主妇，要求将一个不仅大而且不太美观的招牌放在庭院里，结果有超过半数的家庭主妇同意了。与此同时，他们派人随机访问另一组未曾被要求挂小招牌的家庭主妇，直接提出将大招牌放在她们自己的庭院里，结果只有不到 20% 的家庭主妇同意了。

这个实验表明，人们都会倾向于拒绝难以做到的或违反自身意愿的请求，然而，一旦他们找不到拒绝的理由，并同意了某个微小的请求后，那么就会增加同意那项难以做到的请求的可能性；而当他们卷入了这项难以做到的活动的一小部分之后，他们便会不自觉地关心这项活动，并逐渐不再拒绝而参与到这项活动中来。这就是循序渐进的魔力。大事化小之后，人们对谈话内容的态度就会发生改变。

所以，在说话时，无论做这件事情的难度多么大，无论话题多么难以启齿，我们都可以加以细分，分成一个又一个的小问题，逐一进行沟通和说服。

有个小和尚跟师父学武艺，可师父却什么也不教他，只交给他一群小猪，让他放牧。庙前有一条小河，每天早上，小和尚要抱着一头头小猪跳过河，傍晚再抱回来。一年后，小和尚抱怨师父不肯教他武艺，师父却笑着问他："小猪现在有多少斤了？庙里有谁能像你一样把所有的小猪都抱过河？"小和尚这才明白，自己已经在不知不觉中练就了过人的臂力和轻功。

学功夫如此，说话也如此。很多推销保险的业务人员，最初都会劝说客户接受一份小额保单，这份小额保单还有可能是免费赠送的，可后来，保单的保额就会逐渐增加，而客户只要接受了最初的小额保单，以后也就会逐渐接受大额保单。

心理学家认为，在一般情况下，人们都不愿接受较高难度的要求，因为它费时费力又难以成功。相反，人们却乐于接受较小的、较易完成的要求，在实现了较小的要求后，人们才会慢慢地接受较难的要求，这就是所谓的"登门槛效应"。

《菜根谭》的作者洪自诚曾在《菜根谭》中提到："攻人之恶勿太严，要思其堪受；教人之善勿太高，当使人可从。"意思就是说，反对别人的意见时，不要说得太严厉，要考虑对方的承受能力；向别人提出建议的时候，也不要提出难度太大的建议，应当让对方可以做到。在学说话时，也要学会大事化小，才容易被人接受。

很多公益广告，比如宣传节约用水、保护环境等，都是在告诉大家从小事做起，一次节约一点，每天节约一点，每人节约一点，这样累计下来，小事就变成了大事，就会有很大的成效。

说话也一样，我们不可能期望自己的全部观点和理念一下子都被对方接纳，我们也不可能期望别人对我们的建议全部遵从。我们必须把大问题细化，在向对方提出一个又一个的小建议之后，最终使对方愿意接受我们期望的那个目标。

No.3　如何做到大事化小，循序渐进地说

人们常说，一口吃不成个胖子，话要一句一句地说，事要一点一点地做。但在生活中，很多人却期望一步登天，希望可以在最短的时间内，用最"快捷"的方法来交流，实现自己的沟通目标，却忘了话只有一句一句地说，才能实现最终的沟通目标。

语言是人际交往的第一步，我们通过语言来探讨问题、提出建议、表达意愿，所以我们必须明白，怎样去表达才能更好。表达得当，别人会欣然接受你的建议并乐于和你继续交谈，表达不当，别人则会拒绝你的建议并且拒绝继续和你交谈。

很多人喜欢与说话简单明了、一语中的的人交谈，所谓简单明了，其实就是把复杂的问题简单化。无论多么大的问题，都可以拆分成一个个简单的、细小的，不容易让人失去耐心的小问题。那么，究竟如何做到大事化小，正确表达自己、交流沟通呢？

第一点，学会把复杂问题简单化。

拆分复杂问题的方法如下：

首先，找到问题的源头。无论多大的问题，总有其发生的根源。

千里之堤，溃于蚁穴，任何问题最初都是细节上的小问题、小事件，把这个细节找出来，才能够认清问题的本质，抓住问题的症结。

其次，找到问题的主线，理清问题的来龙去脉。要想把大问题拆分成小问题，通过沟通一个个小问题达到最终的谈话目的，就要确保所有的问题都围绕主线进行。就像打靶一样，把问题的来龙去脉理清楚了，提出的所有小问题都围绕这个靶子，才能有的放矢，最终达成目标。

第二，换位思考，提出帮助，让谈话对象感受到你的诚意。

没有人喜欢被要求做什么。而如果你所说的话，对对方来说是一种帮助而不是一种要求，相对来说他会更乐于接受。

比如一名推销员上门推销吸尘器，如果他敲开门后直接说："我是吸尘器推销员，请问您是否需要购买一台新型的吸尘器？"很有可能会被拒绝，对方不是说不需要，就是说自己家已经有吸尘器了。换位思考，如果你正在家里兴致勃勃地看一部自己喜爱的电视剧，你有兴趣听门口陌生的推销员说吸尘器的事情吗？

而提出帮助，让对方感受到你的诚意，相对来说更能够吸引对方的注意力，赢得谈话的成功。

我们再试想一下：门铃响了，你打开门，看到的是一位衣冠整齐的年轻人，这个人满脸笑容地说道："我们公司在本条街进行吸尘器免费试用活动，试用的是我们公司最新推出的吸尘器，您是否愿意试试这款吸尘器呢？我们不要求您购买，就是想通过您的试用，收集更多的客户意见，不断改进我们的产品。"

想必听了这番话，你会对这台吸尘器产生兴趣，也有意愿试试它是否真的好用。那么试用完呢？如果你家里的吸尘器的确已经用了好几年，如果这台新型吸尘器的确很好用，十之八九你会有购买一台的意愿。

第三，清楚表达每一个小问题，循序渐进地让对方领会自己的意思。

大事化小说话法，要求每个小问题都围绕主题，也要求每个问题都能够被清楚表达。大事化小不是绕弯子，也不是抖包袱，要让对方清楚地领会自己的每个问题，这样才能够达到最终的目标。在你提出的一个个的小问题之间，应当有一定的逻辑顺序，从小到大，循序渐进，最终让谈话对象明白你的大目标，从而实现它。

课外辅导

1. 大事化小，以小博大。所谓四两拨千斤，就是把大问题化成小问题之后，抽丝剥茧，逐步把问题解决。

2. 逐层递进，要有耐心。所有的小问题都要围绕问题主线逐层递进。逻辑顺序要有，耐心更要有。如果提出话题的人本身就对这些小问题没有耐心，还怎能要求谈话对象有耐心去接受你的建议呢？

3. 不要中断，坚持不懈。一个个小问题之间一定要连贯，每个小问题都是下一个问题的铺垫，如果中断或者间隔时间太长，铺垫作用就会减弱。坚持不懈地把所有的小问题都提出来，都予以解决，最终的谈话目标才能实现。

第七课　学着和自己对话

　　通过自问自答，训练自己"站在对方的立场来考虑问题"的能力，也能让对方看到你的诚意，从而加快谈判的进程。这种"站在对方的立场来考虑问题"的能力，就会成为你的谈判优势。你如果能说服自己，就有可能说服别人。

我该怎么跟她说
我喜欢她呀?

粉丫,我喜欢你,你
喜欢我吗?

哼,我凭什么喜
欢你呢?

你要站在对方的立场上,自己跟
自己对话,先说服了自己,才有
可能说服别人。

花丫,你喜欢我吧,我有很多优点,
值得你喜欢,我老实,我勇敢……

花丫什么时候
会说服人了?

No.1　为什么要和自己对话

南美诗人希梅内斯曾写过一首诗，题目是《我不是我》，诗中这样写道："尽管眼睛看不见／可他总在我的身边漫步／虽然有时会遇见／但大部分时间却忘了他／他总是静静地听我讲话／他总是宽容着我的丑恶／他常常走向我的地方／在我去世时，他就站在我的身边／他就是我"。

其实，每个人都是自己内心世界的朋友，都是自己最忠诚的听众。要想学说话，不妨先学会和自己对话，把自己变成谈话对象，自我对话，自我反省，聆听自己的声音，尝试着和自己相处和沟通，尝试着去和自己面对面。只有这样，才能更好看清谈话者的目的，弄清谈话的主题，设身处地地为别人着想，赢得对方更多的好感。

与自己面对面，说起来简单，做起来并不容易。有一些心理辅导班，要学员两两彼此对看，把对方想象成自己，与对方进行交流和沟通。刚开始时，大部分学员认为这是一个促进交流的玩笑而已，很多人都一面对看一面偷笑，大部分学员坚持对看了几分钟后，就开始不好意思再看对方。这时，老师伴着柔和的音乐开始与自己对话，他讲述了自己的经历、生活的痛苦以及对父母的愧疚，对另一半的歉意。五六分钟后，大家的眼圈都开始发红，大部分人流下了眼泪。为什么会这样？因为学会了与自己对话，其实就学会了与人沟通，学会了打动别人。

No.2　巧用感动效应：说服了自己，才能说服别人

相信很多人看过中央电视台每年的"感动中国人物"评选活动。《感动中国》挖掘出很多感动中国的人物，也感动了很多中国人，甚至掀起了一场场的"感动效应"。用感人的故事感动每一个中国人，感染每一个中国人，从而净化我们的社会环境，感动整个中国乃至全世界。

"感动效应"不仅存在于传媒宣传中，也存在于交流和沟通中。只有感动自己，才能感动别人；只有说服了自己，才能说服别人。

如果我们能够学会和自己对话，能够先学会说服自己、感动自己，那么我们离说服别人、感动别人也就不远了。

南非前总统曼德拉曾经写过一本书，书名就叫《与自己对话》，这本书凝聚了曼德拉一生的智慧。曼德拉在书中建议读者在每天睡觉前，和自己对话 15 分钟，剖析自己生活中的负面因素，坚持尝试 10 次以上，就会收到良好的效果。

没错，像曼德拉一样，每天和自己对话，坐在自己对面，把自己当作陌生人，不带偏见地和自己说话，闭上只想炫耀自己推销自己的嘴巴，耐心地倾听自己内心的声音，作为反方辩手，反对

自己的意见，拒绝自己的要求。只有这样，你才能学会说服自己、感动自己，也才能真正学会说话。

No.3　如何和自己对话

与自己面对面，与自己对话，这个"自己"，是内心里的另一个自我。大多数人不曾跟内心里的自己做过交流，要突然与之面对面，确实有点难度。不急，我们可以先拿一面镜子，对着镜子里的自己说话，可以从现在开始。

"为什么你今天情绪不好，还跟前面座位上的同事吵架？"你责问镜子里的自己。

接着，你可以代替镜子里的自己回答："今天发工资，我的工资比前面座位上的同事的工资少很多，我气不顺。凭什么我的工资比她的少？"

然后轮到你来回答，好好想想，然后给镜子里的自己一个答案："上个月她比我多做了一个单子。"

然后，你就可以再代替镜子里的自己来应答："那也不应该比我多那么多！"

……

试想，如果在和同事吵架前，你就跟自己进行了这番对话，你还能和同事吵起来吗？即便是对方有意和你吵架，你也能够顺利应对，化干戈为玉帛了。

自己和自己对话，难免会觉得尴尬，但却可以让你更加充分地了解自己和正视自己，预测谈话的内容和问题的发展方向。学会和自己说话，就要把自己当作谈话对象，主动挑起话题，就像和别人谈话一样。要学会转换角色，引导谈话顺利进行。

曾子有一句话，叫作"吾日三省吾身"，说的就是自我对话、自我反省。我们虽然难以做到"每日三省"，但是也要学会和自己说话，只有这样，才能够不断进步，才能够顺畅地和别人说话。

学习和自己说话，主要有以下四个步骤：

步骤一：学会向自己提问。

和自己说话，一定要学会向自己提出问题。无论你想要表达什么，都要学会向自己提问。

比如你想跟老板提出加薪的要求，那么你就要先问问自己："你有什么理由要求加薪？"如果你想向恋人表达爱意，那么你最好先问问自己："你真的爱他吗？他值得你这样去爱吗？"如果你要向客户推销产品，那么你一定先问问自己："你推销的产品真的有那么好吗？你自己愿意买这款产品吗？"如果连你自己都不能回答这些问题，或者不能自圆其说，那么就先别急着向谈话对象提出这些问题。

步骤二：学会拒绝自己。

和自己说话，在向自己提出问题之后，要学会拒绝自己，不管这种拒绝是否合理。学会了拒绝自己，就等于学会了如何应对别人的拒绝。在谈话中，被对方拒绝是常有的事情，在学习和自己说话的过程中，学会了拒绝自己，也就等于事先演习了被人拒绝的场景。

步骤三：学会应对拒绝。

要想谈话顺利进行，就要学会应对拒绝。在自己与自己的对话中，如何应对被另一个"我"的拒绝，突破僵局，继续交谈，是非常重要的。如果你能够学会应对来自"自己"的拒绝，而不是被另一个"我"的拒绝阻拦，那么，你在与别人的交谈中就会有备而来，顺利应对。

步骤四：学会引导谈话。

在突破了被另一个"我"的拒绝后，就要正式把谈话引入交谈的目标，从而达到谈话的目的。这个引导，不是故意的，而是顺理成章、水到渠成的。引导好了另一个"我"，在实际的社交活动中，才会游刃有余，引导对方和你共同进入谈话的佳境。

No.4　和自己对话的三大益处

学会和自己对话，对自己、对别人、对谈话本身，都有极大的益处。

益处一：可以更好地表达自己。

别说你不会说话，别说你不善于沟通，别说你不善于表达自己。如果你学会了和自己说话，能够自圆其说、说服自己，你就可以通过不断地与自己交谈，锻炼自己的表达能力，从而更好地表达自己。

益处二：可以更好地让别人体会到你的关切和真诚。

因为你已经在与自己的谈话中，把可能出现的问题都一一说了出来，对可能的拒绝都一一想好了如何应对，所以，你能够想到对方即将提出的问题，也能够很好地回答，而不是去拒绝对方和否定对方。于是，对方能够体会到你的关切和真诚。

益处三：可以推动谈话向你预期的方向顺利进行。

在自我交谈中，你已经演习了谈话中可能出现的种种问题，并且已经逐一进行了解答和应对，所以，无论对方是什么人，无论对方怎样应对，都已经在你的预期之内，你就可以按照自己事先的演习，推动谈话顺利进行。

课外辅导

跟自己说话，要注意以下三个问题：

1. 别故意给自己找茬。

在和自己对话的过程中，一定要心平气和，别故意给自己找茬。例如你打算就为什么始终得不到升迁的问题与自己对话，就别消极地贬低自己，别一味地否定自己，故意给自己找茬，令谈话无法继续进行下去。有的人常常会否定自己，这样不仅会令与自己的谈话无法进行，还会打击自己的自信心，让自己变得消极。

2. 别有意抬高自己。

自己与自己对话，也要实事求是，也要摆正位置。别有意抬高自己、贬低别人，这样不仅不利于日后和谈话对象的沟通，对自己的心理成长也有弊无益。

3. 多给自己一点耐心。

在与自己谈话的过程中，一定要多给自己一些耐心。只有耐心认真地与自己交谈，才能够真正找到问题的症结所在，才能真正想透问题，从而更好地与他人交流这个问题。

第八课　仅仅会用嘴说话还是不够的

　　传达感情不能仅靠会说话，因为当人跟人沟通有障碍时，对方和你交流，怎样说都说不通，也就只能尽力而为。人生本来就是这个样子，尝试得越多，才越有可能成功。事实上，学说话，不仅要会用嘴说话，还要学会用身体语言传达感情。

粉丫，我现在能做你的
男朋友了吗？

我都跟粉丫表白了好几次了，可
她还是不同意。

身体语言？

别着急，你下次表白的时候，别光
嘴唇上说可以还是不可以，好还
是不好，就都靠你的肢体语言。

学说话，不仅仅要学会用嘴说话，还要学会用行动
传达感情。你先学学用身体语言，然后再学会观察
对方的肢体语言。

嗯，学学身
体语言。

粉丫，请你做我
的女朋友吧！

不嘛！

身体语言，身
体语言，我都身
体语言在说我愿意！

087

No.1　身体语言乃重中之重

众所周知，人类的身体语言极为丰富：微笑说明愉悦，凝视表示关注，手心流汗代表紧张不安，东张西望代表心神不宁……如果在谈话中运用好肢体语言，能让人感觉如沐春风，交谈才会愉快。

研究表明，面对面地交谈时，在一个人所传达的信息对对方所产生的全部影响中，语言内容占 7%，声音表达占 38%，身体语言表达则占了 55%。也就是说，恰当的肢体语言，可以有效地引起对方的注意，起到无声胜有声的效果。常常被我们忽略的肢体语言，在谈话中有巨大的作用。在人际交往中，90% 的人会在见到你的最初 4 分钟内，迅速形成对你的第一印象，第一印象的 60% 到 80% 取决于身体语言。正是那些微妙的身体语言，真正决定了你与他人沟通的效果。

无声电影时代，身体语言是演员通过银幕跟观众交流的唯一的方式。卓别林是揣摩并施展身体语言的大家，他将自己的身体语言发挥到了极致，他被永久地载入史册，成就了电影史上永恒的辉煌。

在那个时代，能否恰到好处地运用身体语言，发出适当的信号与观众进行交流，是评判一个演员的基本标准。如今，虽然随着影视语言的充分运用，身体语言已经不再是演员与观众交流的唯一方式，但是身体语言在屏幕上依旧有着重要的作用。而在荧屏下，身体语言更是重要。学会运用身体语言，是学习说话的重要环节。

曾经被评为全澳洲最年轻的百万保险推销员的澳大利亚人亚伦·皮斯，从 10 岁起就开始挨家挨户推销海绵，21 岁时，亚伦·皮斯便成了全澳洲最年轻的百万保险销售员。尽管如此，当他敲开客户的家门时，还是不可避免地被客户拒绝。

可是亚伦·皮斯并没有那么好打发，他掌握了一套察言观色的本领。尽管所有人嘴上都在拒绝，可亚伦却一眼就能判断出谁能成为他的客户，谁会买他的产品。在接受记者的采访时，亚伦曾这样说："如果说话时，对方的手心是展开的，而且手掌的一面对着我，这时，基本可以断定，继续推销不会给我带来任何危险；如果对方用手指着我，或者双手紧握，那么我最好闭嘴。"

其实，不仅是在推销产品时对方的身体语言可以表达一个人的态度和观点，在人际交往中，在求职面试时，在日常的工作和生活中，身体语言都能够表达出谈话对象隐藏的态度和目的。读懂了对方的身体语言，就能够更好地交流和沟通。

一个人口头上所说的话，可能并不完全真实，他可能为了某种目的，隐藏自己的真实想法，可身体语言却不会撒谎。在真诚可信的谈话中，身体语言会与口头语言表达一致，谈话人的动作、表情乃至音调，都会与表达的内容紧密吻合。而当口头语言和身体语言不匹配时，所传达的信息就会出现问题，或是不够流畅，或是漏洞百出。即便一个人很老道，能够控制面部表情，但身体其他部位的语言，却会泄露他内心真实的情感。

No.2　身体语言密码：比说话更有效的沟通方式

在这个世界上，有很多"奇异之人"，当你站在他们面前，甚至不用开口说话，就能够被他说中你的心事、你的生活甚至是你的未来。别说这是迷信，事实上，相人之术并不是古代的迷信，而是很多人多年经验的积累。一个人的一颦一笑、言谈举止，甚至包括相貌，无一不透漏着他的信息。所以，真正的身体语言，是比说话更有效的沟通方式。

身体语言很微妙。一个撒谎的小孩，两只手会不安地摸索，一只脚会在地上来回地搓动；一个知道自己长胖了的女人，会不时地捏捏自己腹部的赘肉，拍拍自己发胖的面颊，不时皱皱眉头摇摇头；一个感到害怕或处于防御状态下的人，会环抱双臂，或摆出双腿交叉的姿势。

多数人都希望自己学会说话，成为一个健谈的人，但很多人却忽略了身体语言密码的作用。其实，人类从一出生开始，就具有下意识地通过身体语言来表达情感的天赋。小孩子生下来就会通过哭、闹、摇头、瞪眼等身体语言来表达自己的需求。成年人之所以会忽略身体语言，只是因为在成长过程中，随着语言功能的加强，渐渐忽略了对身体语言的关注和学习。

为了解读身体语言密码，国外的很多学者做了深入的研究。美国芝加哥的嗅觉与味觉治疗与研究基金会的科学家们通过研究发现，当人们撒谎时，一种名为儿茶酚胺的化学物质就会被释放出来，从而引起鼻腔内部的细胞肿胀。科学家们还通过可以显示身体内部血液流量的特殊成像仪器，揭示出血压也会因为撒谎而上升的现象。

当一个人处在不安、焦虑或者愤怒的情绪之中时，他的鼻腔血管也会膨胀。这就解释了为什么撒谎或者紧张不安的人会不停地揉鼻子，就是因为人们的鼻子在心理变化的过程中，会因为血液流量上升而造成血管膨胀。科学家们将这种现象命名为"皮诺基奥效应"，这就是身体语言的科学解释之一。

美国的神经学者阿兰·赫希和精神病学者查尔斯·沃尔夫，曾经深入研究过美国前总统比尔·克林顿就莫妮卡·莱温斯基性丑闻事件向陪审团陈述的证词。他们发现克林顿说真话时，很少触摸自己的鼻子，但是，只要克林顿一撒谎，他的眉头就会在谎言出口之前不经意地微微一皱，而且每四分钟触摸一次鼻子，在陈述证词期间，克林顿触摸鼻子达到26次之多。这又从实际的案例中，佐证了身体语言的真实存在。

我们如果能准确解读别人的身体语言密码，那么在社交生活中，我们就能够明晰是否准确解读了事实的真相。身体语言无处不在，无时无刻不在向外界传达着个人的多种信息。学会正确解读身体语言密码，利用身体语言密码与他人进行交流，对每个人来说都是相当重要的。

No.3　学会利用身体语言

合理利用身体语言，真实自然地表现自己，并正确解读他人的身体语言，是学习说话的一个重要环节。肢体语言的准确运用，能够极大程度地提高沟通的效率。

日常生活中，一个不经意的笑容，一个疑惑的眼神，都可能被一双双不同视角的眼睛捕捉到，并被加以各自不同的解释。恰当运用你的肢体语言，不仅可以让你迅速在错综复杂的人际关系中找准位置，还会帮助你在新环境中建立良好的人际关系。

在身体语言的表达中，最重要的表达方式，就是手和头的语言表达。

握手是人们最常用的社交礼仪，在长期的社交实践中，已经形成了约定俗成的握手方式。握手时，如果你的手掌掌心向上，意味着你愿意服从对方，这种姿势适用于下级对上级、晚辈对长辈；而掌心向下的姿势，则比较适用于上级对下级、长辈对晚辈；平级的同事之间，手掌垂直的握手方式最有亲切平等的感觉。

握手的奥秘，还在于双方握手的力度。另外，手掌的干燥和温暖，也会让对方感受到你的诚意。这里有一个小窍门：握手前，想象你的手掌里捧着一个暖炉，即可以让你的掌心温度迅速提高2℃～3℃。

头部的微小运动，也可以透露我们内心的秘密。如果你不希望新同事认为你高傲自大，那么请略略收起你的下巴；如果你不希望被老同事看扁，就不要把头低下去。如果你希望谈话对象对你所说的事情感兴趣，或者希望让自己显得更加亲切，请略略侧着头，这样，对方会感觉到你在倾诉，或者在倾听。

当然，最中庸的头部语言，就是轻轻点头，不管对方聊的是八卦还是隐私，轻轻点头都是最安全最不容易引起反感的身体语言。放心，这样的点头不一定意味着赞同，只是表达"哦""这样啊""我知道了"的意思。

当然，再精准的肢体语言，也要配合语言的表达。所以，在你使用身体语言时，还请开口说话，没有人会拒绝真诚与亲切的交谈。

No.4　使用肢体语言的三条原则

当今社会是一个交际社会，运用或解读身体语言时，我们要时刻牢记使用肢体语言的三条原则。将这三条原则运用于实践中，便于我们更好地学会说话，表达自己，顺畅交流。

原则一：持续使用身体语言。

人不是独居动物，人与人之间离不开交流。关于日常生活的细节，比如身体是否舒服，穿戴是否得体，食物是否合胃口，我们总会传递出一些信息。表现在肢体语言上，这些表达有可能突然出现，但不可能马上停止，因为身体语言是具有持续性的。所以，在使用身体语言时，要注意其持续性原则，不要在交流时，时而频繁使用，时而戛然而止。

原则二：根据环境和背景决定怎样使用肢体语言。

社交规则和大众习惯，决定了我们要在适当的环境和背景下，使用适当的肢体语言。无论我们是否情愿，都必须明白这一点。比如，女儿在舞台上表演现代舞时，妈妈可以在台下眨眼睛或用约好的手势给她一些提示，但绝不可以随便向周围的人眨眼睛或比画手势，否则就会分散女儿的注意力，并且会让周围的人产生误解。肢体语言的表达，离不开相关的环境。

原则三：在解读身体语言时，不要根据单个信号判别含义。

在社交场所摸爬滚打久了，一些有经验的人，很容易误认为自己对身体语言的解读有了颇深的功力，并形成了自己固有的习惯经验，有的人甚至习惯仅凭孤立的身体语言，就对其含义做出判断，这是不正确的，很容易造成谈话的分歧。

比方说，并不是所有的眼神游离都代表着说谎或欺骗，也许谈话对象不过是恰巧忘了戴隐形眼镜，的确很难看清楚谈话对象。再比如，并不是所有的手脚晃动都代表着心神不宁，有些人就是习惯性地抖动身体，不管是否在谈话中，都一样会晃动手脚。所以，在学习说话时，也要学会解读对方的身体语言，不要根据单个信号判断其中的含义。

课外辅导

1. 对身体语言的掌握和解读是一个循序渐进的过程。

学说话是一个循序渐进的过程，对身体语言也需要按部就班地学习。要想熟练运用自己的肢体语言，使它传达出我们想要传达的信息，并对我们的交谈有所帮助，就要不断学习。

2. 训练自我身体语言的同时，也要学会潜心观察别人的身体语言。

中国有句老话：三人行必有我师焉。这句话用在哪里都不为过。身体语言的培养仅靠自己的顿悟是远远不够的，还需要我们时时刻刻去观察别人，去揣摩别人的身体语言，去琢磨他们为什么要做那样的动作，并将自己得出的结论付诸实践。这样我们才会不断进步，才会真正掌握身体语言的表达。

3. 把握表达身体语言的先后顺序。

身体语言有好多种，不可能一下子都表现出来。实践中，我们可以先了解面部的语言，再涉及其他。因为面部是我们获取他人情感信息的第一个部位。了解一些最常用的面部表情，看看它们能让你读到什么，能掩饰和隐藏什么，了解自己的面部语言是否准确传递了自己内心的情绪。在熟悉了面部的无声语言后，再逐渐精进至我们的身体语言。

第二篇　要赢得成功，就要说好话

第一课　一定要让开头吸引人

　　说话的爆点不要藏在最后。在日常生活中，很多人说话习惯抖包袱，把最要紧的最精彩的内容藏在最后，可在当下的社会，生活节奏那么快，又有几个人有耐心去听你絮絮叨叨说到最后？为什么大家爱看新闻，就是因为所有的新闻都有一个共性，那就是话题抢眼。说话也一样，如果一开始没有一个吸引人的话题来开头，就别指望自己能说好话，别抱怨没有好听众。

101

No.1　如何做到开口就能吸引人

每个人每天都要说话，没有任何一个正常人，在正常的情况下，可以十天半个月不跟任何人进行交谈，除非他是一个人生活在与世隔绝的深山老林里。人是群居动物，生活在社会中，我们会遇到形形色色的人，会同各种各样的人交往。要交往，就要交流，就要说话。如何说好话，让别人对你所说的话重视、接纳，就是一门学问了。

说好话，既不是一味地堆砌一些优美的词句，也不是直接地把自己的想法不加修饰地说出来，而是在认真地准备之后，恰如其分地表达自己的想法。中国有句老话，"三思而后行"，说话也应当如此。只有认真思考之后，你才能做好充分的准备，才能够做到"不鸣则已，一鸣惊人"，开口就吸引人。

在交谈中，有一个好的开头，就意味着谈话已经顺利开始。所以，说好话，一定要让开头吸引人。那么，如何做到开口就能吸引人呢？

首先，开头要具体实在，贴近生活。

多年前，有两个人一起参加了一个演讲训练班，其中一个是大学里的哲学教授，温文尔雅、学识渊博；另一个是曾经当过兵、做过街边小贩的自由职业者，积极热情、豪爽粗鲁。演讲训练班经常会组织演讲比赛，有趣的是，每次演讲，言辞优美、台风儒雅、条理清晰的教授，都不如说话简单明了、内容生动具体的自由职业者受欢迎。

教授为此郁闷不已，可训练班的老师却不以为然，他告诉教授，教授的演讲之所以不受欢迎，是因为他的演讲缺少一个重要的元素：具体化。教授一开口就引经据典、旁征博引，内容的确很详实很丰富，可对于台下的听众来说，他们从一开始就没有意识到演讲与他们有什么关系，演讲有什么具体的内容可以指导他们的生活，他们一开始就对教授的演讲不感兴趣，又怎么可能热情地听到底呢？相反，那个自由职业者一开口就说出了演讲的主题，比如物价上涨、生活艰难、求职不易，这些具体明确的生活内容，很容易吸引听众的注意力，加上生活化的语言和充满生活气息的内容，自然能够引起听众的兴趣。

其次，从小问题开始推进谈话。

为什么我们不喜欢和那些"假大空"的人交谈，因为他们一开口就是巨大的问题、巨大的项目、巨大的事情，听起来根本就"不靠谱"。所以，不管要谈论什么问题，都要从小问题开始推进谈话。

曾经有一个朋友要和我交流一本杂志的制作过程，他开头的第一句话就是："做一本杂志要投资多少钱？"我笑着对他说："你得先告诉我你打算做什么样的杂志，做多大、多厚，打算在什么区域发行，打算发行多少册，这样我才能够帮你估算做这样一本杂志的投资总额。"这个朋友当即就不好意思地笑了。接着，我们就从一个个的小问题开始谈，开头的第一个问题就是："要做一本多大的杂志？"

所以，从小问题开始，才能真正有效地推进谈话。要说好话，一定要让开头吸引人，当你以大问题开头时，不要怪别人回绝你的问题，因为你的问题本身太大，大到无法一次性回答清楚。

最后，开头要藏包袱，不要抖包袱。

如果在谈话的开头，你能够引起对方的好奇心，那么你们的谈话就很有可能顺利而持续地向下推进。可如果在谈话的开头，你直接给出了问题的答案，或者直接给出了一个指令，让对方无从思考和反驳，那么对方就有可能感到索然无趣，不愿和你继续交谈。

比如你想和别人交流最新的电影信息，如果你开头就说"《让子弹飞》的结局真让人茫然"，对方就有可能失去和你交流的兴趣，因为你一开始就表达了自己的观点，既没有一点悬念，也没有一点疑问。如果你这样开头："《让子弹飞》你看了吗？你喜欢它的结局吗？"那么对方就有回答的可能，也有可能产生与你谈话的兴趣。

No.2 巧妙利用"逆反心理"，一开口就吊起对方的胃口

在日常生活中，很多人都有"逆反心理"。所谓逆反心理，就是指人们彼此之间为了维护自尊，而对对方的要求采取相反的态度和言行的一种心理状态。通常所说的"顶牛""对着干"，以及与常理背道而驰，以反常的心理来显示自己的"高明"和"非凡"的行为，都来自于"逆反心理"。而在谈话中，巧妙利用"逆反心理"，能够在谈话的开头就吸引对方的兴趣，吊起对方的胃口。

三国期间，孙刘联军在赤壁大败曹军，曹操仓皇逃遁，有两条路可以选择：大路平坦但稍远，华容道较近但险峻。诸葛亮命关云长在华容道埋伏，并堆积柴草，放了一把烟火，意思是曹操你别走此路，曹操却偏走华容道，险遭灭顶之灾。诸葛亮就是抓住曹操骄横不服输的特点，利用逆反心理，以一把火引曹操上钩的。

18世纪前，马铃薯在法国得不到推广。为了推广种植马铃薯，法国著名农学家巴蒙埃在一块田地里种上了马铃薯，白天请来武装士兵守卫，晚上撤走。这种"防范"之举激发了人们的好奇心，不少人在晚上偷偷地把马铃薯移植到自己的菜园里。此后，马铃薯在法国推广开了。

日本某所有名的提琴学校里，凡是入校的儿童，在头3个月不

许拉小提琴，甚至不许碰琴，只能在一旁看别人拉，看得儿童心痒难耐之后，才慢慢教儿童拉琴。

上面这些例子，都说明了利用逆反心理有时能收到奇效。

在谈话中，也要巧妙地利用"逆反心理"。比如你在一开始就提出今天不讨论关于什么什么的话题，那么谈话对象反而会产生好奇心——为什么不谈这个话题？这个话题究竟有什么禁忌？这样，谈话对象反而更容易自主地选择这个话题，自主地谈论这个话题。这样开始谈话，更容易吊起对方的胃口，达到谈话的目的。

No.3　开口吸引人的三要素

俗话说"看菜吃饭，量体裁衣"，这是指办事时要看具体情况，灵活机动，不能拘泥于现成的条文，生搬硬套。

《鬼谷子·权篇》将"看人说话"的技巧演绎得淋漓尽致：与智者谈话，要以渊博为原则；与拙者谈话，要以强辩为原则；与善辩的人谈话，要以简要为原则；与高贵的人谈话，要以鼓吹气势为原则；与富人谈话，要以高雅潇洒为原则；与穷人谈话，要以利害为原则；与卑贱者谈话，要以谦恭为原则；与勇敢者谈话，要以果敢为原则；与上进者谈话，要以锐意进取为原则。要想开口就吸引人，就要牢记这些原则，学会开口吸引人的三要素。

要素一：坦诚

人之交谈，贵在交心。说话有诚意，魅力自然生。如果一个人很少说套话、打官腔，总是以坦诚之心与对方交流，他开口就很容易吸引人。所谓无技巧之技巧，乃最大的技巧。

有个成语，叫做"单刀直入"，就形容人说话的时候简单直接，不绕弯子。而很多人在与人交往的时候，都喜欢直率的人，这就是真诚的力量。举个最简单的例子，朋友乔为人直率，一直单身，每次给她介绍男友，我都告诉她：别上来就对人家说你是野生动物保护区的饲养员，女孩子家家，做这个工作，不受待见。然而，她却从不听劝，她有自己的主张，她认为，如果不能够接受她的工作，那么必定不会真正爱上她。然而，谁也没有想到，这位真诚直率的姑娘，竟然就是凭着这样的直脾气，赢得了自己的白马王子，一位在 IT 行业做了多年，最终的理想就是做一名野生动物保护者的小伙儿。而这位小伙，之所以被乔所吸引，就是因为在第一次见面时，乔就真诚地说："我是野生动物保护区的饲养员，我爱动物，如果你不能接受我的工作，那么我们就不可能有未来。"而这段姻缘，也即将在今年年底走进婚姻殿堂。真诚，是乔最大的魅力。你的心敞开多大，对方的心就能打开多大。越是直率的人，越容易与人迅速沟通，越能在最短的时间内赢得对方好感。

要素二： 睿智

坦诚不等于别人问什么，你就答什么。如果对任何问题都按照提问者的要求回答，那就难免会钻进提问者的"口袋"，甚至落入某些人的圈套，使自己陷入被动之中。所以，要想开口就赢得谈话的主动权，吸引对方，就需要有聪明的头脑。

战国时，魏文侯问众位士大夫："你们看我是怎样的一位国君？"许多人回答道："您是位仁厚的国君。"可一位叫任座的士大夫却说："您不是仁厚的国君。"文侯追问："何以见得？"任座直言："您攻下中山之后，不拿来分封给兄弟，却封给了自己的长子，显然是为了一己私利，这种做法算不得仁厚。"

文侯听了恼怒不已，打算处罚任座，任座快步离开。文侯心有不甘，接着问一位叫翟璜的士大夫："我究竟是怎样的一位国君？"翟璜回答："您的确是位仁厚之君。"文侯皱起了眉头。翟璜接着说："我听说，凡是仁厚的国君，其臣子一定刚直，敢说真话。刚才任座的一番话说得直率，绝不是阿谀奉承之词，他敢如此直言，说明国君是位宽厚的人。"文侯听了，舒展了眉头，点头称道"此言不谬"，并随即下令请回任座，且拜翟璜和任座为上卿。

正是翟璜的睿智，化解了文侯和任座之间的矛盾，救助了任座。也正是因为睿智，翟璜赢得了文侯的信任与青睐。

要素三： 幽默

要想开口就吸引人，幽默是最佳的辅助手段，同时，幽默也是谈话的最高境界。一位开口就能逗笑对方、化解僵局的谈话者，一定是一位很受欢迎的说话高手。

1990 年，台湾著名艺人凌峰在一次春节联欢晚会上，以如下幽默的自我介绍，赢得了全国人民的掌声："在下凌峰，虽然我获得过"金钟奖"和最佳男歌星称号，但是我和别人不同，我以长相难看出名。男观众们对我的印象特别好，因为他们见到我有点优越感，本人这个样子对他们没有构成威胁，他们很放心，他们认为本人长得很中国，中国五千年的沧桑和苦难都写在我的脸上了。女观众对我的印象不太良好；有的女观众对我的长相已经到了忍无可忍的地步。她们认为我是人比黄花瘦，脸比煤球黑。……"

幽默的开头，不一定能够解决问题，但是一定可以缓解难题，一定可以营造出一个良好的交流氛围，一定可以开口就吸引人。

课外辅导

要想从谈话一开始就吸引谈话对象，还要注意以下几点：

第一，一定要避免提出敌对性的问题。有些谈话对象，从一开始就像斗士一样，抱着"不赢不罢休"的态度，提出尖锐甚至敌对的问题，一心想要在谈话中独占鳌头，这种心态千万要不得。要想交流顺畅、谈话顺利，就一定要避免提出敌对性的问题，一定要注意给对方留足面子。

第二，不要提出可能引起对方反感的话题。比如对方的个子不高，你一定不要一开口就谈及高个子的优势；如果对方的面色苍白，你就一定不要开头就谈及女人只有气色好才能做到内外兼修；如果对方的家境贫寒，你就不要一开始就搬出自己家保姆、司机的趣事来谈，以免让对方反感。

第三，关于隐私问题，注意将心比心。其实不管是谁，都不喜欢别人过多地探问自己的隐私，所以如果开口就提及隐私问题，要注意将心比心，用自己的隐私去交换，让对方感觉到你的诚意，这样才能吸引人，也才能被人信任。

第二课 把麻烦留给自己，把方便留给别人

　　别人并不是为了伺候你而存在的，所以要说好话，一定要少给别人找麻烦。少给别人找麻烦的方法，就是将麻烦在自己手上解决掉。很多时候，我们之所以会和别人发生争执，就是因为没有好好说话，从谈话一开始，就抱着一种给别人找麻烦进而给自己找别扭的态度，这种说话的态度，只能够给自己和别人都带来更多的麻烦。

　　要想说好话，在开口前就要想好把麻烦留给自己，把方便留给别人。只有认识到这一点，我们才可能在跟人交流时尊重别人、接纳别人，同时被对方尊重与接纳。

怎么了，全不全跟谁闹别扭了？

黄丫真小气，让他帮我去捉两条小鱼都不肯。

真全小气！

一定要记住，别人并不全是为了服务你而存在的。

好朋友帮个忙怎么了？

一定要少给别人找麻烦，即使全是亲近的人。

难道要把麻烦留给自己，方便留给别人？

对，不管说话还是做事，一定不要给别人找麻烦，给自己找别扭，否则很难得到对方的尊重和接纳。

113

No.1　说话要注意态度

三毛是一位优秀的华人作家，虽已过世多年，但她的作品却一直畅销不衰，陪伴许多年轻人走过了迷惘的青春期。不过，就是这样一位优秀的作家，年幼时也曾经被老师粗鲁的话语深深伤害过。

三毛小时候语文成绩特别好，数学成绩却很糟糕，每次考试，数学都不及格。三毛不服输，为了不让父母和老师失望，有一次，三毛把数学课本里所有的练习题都背了下来，在数学测验中出人意料地拿了满分。

可没想到，数学老师无论如何都不相信这是三毛的真实成绩，她不屑地说："数学蠢材怎么可能一下子变成数学天才，你肯定是作弊了！"三毛不服气地回答："我不可能作弊，就算您是老师，也不能这样侮辱我。"数学老师不信任三毛，干脆出了一个从来没有在课堂上讲解过的方程式让三毛解答，结果可想而知，三毛当场就傻眼了。

数学老师粗鲁的言语和不信任的态度，对三毛的伤害非常大。这件事之后，三毛便休学在家，不愿再进学校，她悲观、敏感和孤独的性格，也就由此逐渐形成。

可见，说话一定要注意态度，不讲究说话的态度，就有可能给他人造成意想不到的伤害。中国有句老话——病从口入，祸从口出。三毛就是"祸从口出"的受害者。试想，如果数学老师说话前能够多加考虑，或许这件事就不会在三毛心中留下那么深重的阴影。所以，说话一定要注意态度，没有好的态度，即便口才再好，也很难得到谈话对象的认可。

一位态度温和说话温婉的谈话者，能够更快地赢得听众的好感。在人际交往中，一个人说话的态度，往往是决定这个人受欢迎程度的首要因素。和颜悦色、谦逊友善的人总能打动人心，处处受到欢迎；傲慢无礼、冷漠虚伪的人，常常会引起谈话对象的反感，甚至被人排斥。

美国首任总统乔治·华盛顿在 1754 年的时候还是一位上校，他率领部下驻守在亚历山大。此时正值弗吉尼亚议会选举议员的时期，一名叫威廉·佩思的人，反对华盛顿所支持的候选人，并与华盛顿就选举问题发生了激烈的争论。华盛顿据理力争，激怒了佩思，佩思一拳将华盛顿打倒在地。然后，华盛顿的部下蜂拥而至，意欲替华盛顿出气，华盛顿却阻止了自己的部下，并带他们返回了营地。

第二天一早，华盛顿遣人给佩思送去一张便条，要求他尽快到当地的一家小酒馆去。佩思如约而至，他原准备与华盛顿进行一场决斗。然而令佩思感到惊奇的是，自己看到的不是手枪而是酒杯。

华盛顿说："佩思先生，犯错误乃人之常情，纠正错误是件光荣的事情。我相信昨天我是不对的，你已经在某种程度上得到了满足。如果你认为到此可以解决的话，那么请握我的手，让我们交个朋友吧。"华盛顿谦和的态度打动了佩思，从此，佩思开始拥护华盛顿，成为华盛顿坚定的支持者。

可见，谈话的态度是多么重要。要说好话，一定要注意态度，秉承着把麻烦留给自己，把方便留给别人的原则，以低姿态的言语和真诚的态度谈话。这样，我们才能顺利沟通，成功交流。

No.2   不要因为自己的话语让别人感到麻烦

很多时候，我们说话是要达到自己的目的——或者获取信息，或者布置工作，或者沟通交流，或者倾诉心声。但不管怎样，都不要因为自己的话语让别人感到麻烦，否则，这次沟通就有可能被拒绝，有可能失败。

所谓领导的艺术，就是要让员工在接受工作的时候感受到动力和活力，感受到便利和容易，而不是麻烦和困难。即便的确是一件困难的事情，也要让员工感受到你提供给他的是接受挑战、不断进步的机会，只有这样，他才不会觉得麻烦，才会不断地努力。如果你让他感到麻烦，他十之八九不会倾尽全力，而是消极怠工了。

当然，在谈话中，我们不一定非要把自己摆在领导的位置上，可不管怎样，一定不要因为自己的话语让对方感到麻烦。

首先，要学会让对方感觉到你的欣赏。诚然，有时候，这些欣赏在你看来仿若恭维之词，然而在对方看来，却是你对他的肯定和承认，而只有在得到肯定和承认之后，你才可能接着提出你的意见或者建议。

第二，要把问题分成几个小部分来说，并把每个部分都说成是对方可以完成，或者对对方有利的情况，这样，对方就不会拒绝或者反感了。

第三，清晰地向对方说明在这次沟通中或者沟通后可能得到的利益，这种利益包括心理的和物质的，这样对方才会愉悦地与你继续交谈下去，也才能忘却或者根本就意识不到你提出的意见或者建议会给他带来麻烦，相反的，他会觉得给他带来的是利益。

最后，表达你愿意不断地给予对方帮助的意愿。只有这样，对方才不会在和你的交谈中感受到麻烦，相反，还会因为和你的交谈而心情愉悦，因为你为他提供了更多的机会、便利或者情感沟通的渠道。

No.3 别把自己的麻烦甩给别人

人生是一条崎岖不平的道路，只是，有的人走的是上坡路，有的人走的是下坡路。上坡路走起来艰难辛苦，下坡路自然一路顺畅、毫无阻力。所以，要想走上坡路，就一定不要害怕麻烦。

人生如此，说话也是如此。很多人在交谈中，常常会嫌麻烦，把问题甩给别人，把麻烦扔给别人。这样的谈话，对于甩出问题的人来说似乎非常轻松，然而对于谈话对象来说，却是一场并不愉快甚至是很糟糕的谈话。这样的谈话多了，谈话对象就会趋向于拒绝谈话，甚至拒绝继续交往。

当然，很多人谈话的目的，并不是有意甩出包袱，而仅仅是倾诉心中的不满和委屈。可是，情绪是会传染的，你倾诉完了，心里痛快了，你把不良的情绪扩散开来，把麻烦转嫁了出去，别人就麻烦了。所以，不管你是有意还是无意，都不要把自己的麻烦甩给别人。

吴雄是一个堂堂的七尺男儿，但却一点也不阳刚，他天性软弱、悲观，每有心事，必要找人一吐为快。女友和他分手，就是因为嫌弃他太过懦弱。有一次，吴雄参加同事的生日聚会，同事给他介绍了一位漂亮女孩。

当晚，吴雄就跟女孩聊了很多，可第二天，吴雄的同事就跟吴雄说，女孩跟他抱怨："你那个同事太烦了，整个晚上都在聊他的生活如何如何不如意，他的前任女友如何如何伤害了他，我一句话都插不上，只好假装同情地听他讲完，真是折磨死我了！"可见，吴雄把心

119

里堆积的不快转嫁给了别人的同时，也给别人带来了不快。

从心理学角度讲，把痛苦压抑在心底不吐露出来，会让人更加痛苦，所以心理学家们认为，找人倾吐心声是可取的，但这并不表示你可以逢人就说，把自己的不快不顾一切地吐露出来。有些烦恼，有些痛苦，只适合吐露给你的心理医生或其他心理素质好的、值得信赖的人。向自己并不熟悉的人吐露心声，不仅既不能引起对方的重视，还会增添对方的烦恼。

其实，随意吐露失意，随意把麻烦甩给别人的谈话者，首先就会被别人定义为软弱无能的人。"己所不欲，勿施于人"，每个人都有自己的麻烦和难处，如果你一味地拒绝承担，把问题甩给别人，对话者就会越来越少，愿意与你交往的人也就越来越少。

而且，中国有句老话，"来说是非者，必是是非人"，你唠叨一顿痛快了，别人又会怎么看你呢？为什么偏偏只有你遭遇了不顺？为什么偏偏是你遇到了不公正的待遇？在你抱怨别人、抱怨社会的时候，是否想过是不是自身出了什么问题呢？你的谈话对象如果不愿意接受你甩过来的麻烦，又该怎样对待你呢？——或者拒绝你，或者远离你，总之不会心甘情愿地接受你甩过来的麻烦。

生活是面镜子，你冲它笑，它就冲你笑。谈话也一样，谈话对象就像你的一面镜子，尽量不要把自己的不良情绪传递给别人，积极向上的谈话，才意味着圆满的沟通。

No.4 "三 A"原则说好话，方便别人方便自己

语言不仅仅是传递信息的媒介，更是我们交流感情的平台。每个人都喜欢跟热情、友善的人交谈，而对冷漠、无礼的人敬而远之。所谓"良言一句三冬暖，恶语伤人六月寒"，"赠人以言，重于珠玉；伤人以言，甚于剑戟"。所以，在开口之时，我们一定要谨慎。遵照"三 A"原则说好话，才能方便别人也方便自己。

原则一：尊重对方（Respect）

不管你的谈话对象是谁，对方都会期待得到你的尊重。你给予对方尊重，对方也会回报你以尊重。尊重别人的方式很多——一个真诚的问候，一个关切的提醒……如果你够用心，努力记住交谈者的名字，并在谈话中经常使用尊称，令对方感觉很愉快，即使你偶尔说错话，对方也不会太跟你计较。

原则二：接受对方（Accept）

首先要声明，接受并不代表妥协，而是指不要在谈话时和对方抬杠，不要去做过于激烈的争辩。争论并不会有胜者，因为胜负都是在伤害感情的条件下取得的。就算对方说的有不合理的地方，你委婉地提一提就好。尽量换位思考，体谅对方，给予充分的包容，

这样才能真正做到把麻烦留给自己，把方便留给别人。

原则三：赞美对方（Admire）

学会用赏识的目光去看别人，就总能在对方身上发现闪光点。没有谁喜欢听挖苦的话，人人都喜欢赞美。如果一个人个子很矮但很聪明，那么你就不能强调"你的个子真矮"，而应赞美对方"你真的很聪明，讲的话都很有道理"。当然，赞美是需要适可而止的，一味地胡乱吹捧，是会令人反感的。

课外辅导

如何谈话，才能让对方感觉方便?

1. 说话语速放慢。

研究表明，放慢语速可以有效地帮助一个人控制感情，特别是在自己生气的时候，我们一定要努力减缓自己的语速，以缓解自己的情绪。

2. 不要那么着急开口。

有的人总是着急插话，结果往往开口就错，让对方觉得麻烦和尴尬。所以，开口前，最好要先想一下自己的这番话说出去后有什么后果。想好后果再开口，就算出现差错，也能随机应变。

3. 多替别人着想。

这是最重要，也是最关键的一点。如果你的谈话总是让别人感受到温暖，那么势必事半功倍。没有人会拒绝别人对自己好，我们为别人着想，并不是说我们在拍马屁，而是在感动别人。谈话先要攻心，设身处地地为他人着想，让对方感觉方便，无疑是最好的攻心策略。

第三课　一定要把对方当作谈话对象

因为这个世界上的每个人都活在自己的世界里，所以，要说好话，一定要让你的话题围绕对方进行。围绕对方的情况展开话题，可以让对方感觉到你的关心和体贴；围绕对方感兴趣的事情展开话题，可以让对方兴趣盎然；哪怕围绕对方的烦恼展开话题，也可以给对方一个发泄的机会。

No.1　为什么要把对方当作谈话对象

我们都经历过学生时代，遇到过形形色色的老师。有的老师讲课让人听得津津有味；有的在讲台上侃侃而谈，下面的学生却昏昏欲睡。除去个人的人格魅力，之所以出现这些差别，很大程度上源于学生对教师讲授的课程内容是否感兴趣，也就是说，老师是否以学生为讲授的对象，是否围绕学生而授课。而在我们的日常交谈中，想要说好话，也一定要把对方当作谈话的对象，一定要让你的话题围绕对方进行。

说话不是一个人的事情，必须考虑对方，把对方当作谈话对象。我们说话，是为了表达自己的观点，能否达到这个目的，最终的决定因素还是听众的接受度。因此，我们在说话时，要尽量使用适合对方的表达方式，根据交谈对象来决定我们要说什么，要怎样说。

把对方当作谈话对象，就要在交谈中围绕对方的自身情况来展开谈话，让对方感受到你的关心和体贴。人们最关心的就是自己，其实不管谈话是出于什么目的，谈话中的每个人最想聊的还是自己：自己的感觉、自己的要求、自己的经历、自己的目的。所以，要想说好话，一定要把对方当作谈话的主题,关心对方所关心的,谈论对方所热衷的。

许多女性经常抱怨自己的伴侣没有耐心倾听自己说话，答话敷衍了事，进而感觉自己不受重视，甚至因此怀疑伴侣对自己的感情忠贞度。归根到底这就是因为这些女性在说话时，没有把对方当作谈话对象，而只是把自己当作了谈话对象。

事实上，如果对方在谈话中专心倾听，积极回应，那么我们就会觉得这个人善于沟通，并且会有更多交流与沟通的欲望。那么对于对方也一样，如果他在说话的时候，你能够专心倾听，积极回应，并且愿意对他所表达的话题表示肯定或者赞许，那么对方也就会十分乐意和你沟通。实际上，你所做的只是在他侃侃而谈时，认真地注视着对方，并且适时地皱眉或者点头表示赞同。

所以，要说好话，一定要在态度上把对方当作谈话对象，围绕对方感兴趣的事情展开，让对方兴趣盎然。不要从自我出发，对对方不感兴趣的事情唠叨个没完没了。别人感兴趣的可以多说，不感兴趣的一定要少说。信息的传递不在于多少，而在于准确，迎合对方的兴趣并且发现对方兴趣之所在，才能真正把对方当作谈话对象，顺利展开沟通和交流。

在交谈中，切忌心不在焉，东张西望，或者拿出手机来发信息、打电话，这样做对方一定会感到被冷落，甚至自尊心会受到伤害。把别人当作谈话对象，不仅体现了你对对方的尊重，也体现了你对谈话的重视。

戴尔·卡耐基是美国著名的人际关系学大师。他说："如果你需要别人喜欢你，你就与别人谈论他所喜欢的话题，而不是你感兴趣的东西。要使对方感兴趣，最简单的方法就是给对方准备一些他感兴趣的话题。"

美国历史上唯一连任四届的总统富兰克林·德拉诺·罗斯福，有一个让每一位拜访过他的人都称道的优点，那就是他渊博的学识。甚至有人这样称赞罗斯福总统："不管是牧童还是骑士，是政客还是外交家，罗斯福都像先知一样知道跟对方说些什么。"

这是为什么呢？答案很简单：每次接见来访的客人之前，罗斯福都要进行调查研究，了解每位客人的喜好，包括生活习惯、文化背景、性格脾气，以便预先准备好对方感兴趣的内容和喜欢听的话题。罗斯福知道，打动对方最佳并且最快的途径，就是谈论对方最感兴趣并且知晓最多的话题，让对方多聊自己，这样对方就会觉得有趣。

为什么很多人习惯听电台的情感倾诉栏目？就是因为所有倾诉栏目的主持人，都在围绕倾诉对象展开话题，不管是对方的烦恼，还是对方的发泄，主持人都会耐心聆听。听众之所以喜欢打热线电话大吐苦水，恨不得将自己所受的委屈一下子全部发泄出来，求得一个内心的痛快，就是因为有人倾听，有人把他当作谈话对象。这样的栏目大同小异，无甚新意，却一直存在，就是因为在这里，主持人只是陪衬，听众才是真正的谈话对象。

社会是复杂的，我们对他人的看法和评价，常常受自己的生活经历、风俗习惯和情绪状态等主客观因素的影响。每个人都希望自己得到理解和认可，所以，真正受欢迎的谈话，不是我们向谈话对象灌输什么、指派什么、吩咐什么、倾诉什么，而是把对方当作谈话对象，让对方说话，围绕对方说话。只有这样，才更容易取得对方的信任，更易于达到谈话的目的。

如果我们在说话之前忽略了对方的谈话需求，那么无论如何字斟句酌，也难免会在沟通中产生差错和误解。我们要调整心态，以对方为谈话对象，这样才能真正引起对方的共鸣。

曾经，有一位业务员去一家公司销售办公器材，他看到经理的书架上放着几本金融投资方面的书，就回想起自己了解的一些有关金融投资的信息，然后就从投资的话题入手，和这位经理攀谈起来。从股票到基金，从期货到投资模式……两个人聊得十分投机，以至于最后谈到业务员销售的产品时，这位经理毫不犹豫地和他签了约。这就是把对方当作谈话对象，说好话、办好事的典范。

No.2 把握沟通中受众的心理需求

在心理学中，有一个著名的理论，叫作马斯洛需求层次理论，即人类价值体系存在两类不同的需要：一类是沿生物谱系上升方向逐渐变弱的本能或冲动，它们被称为低级需要和生理需要；一类是随生物进化而逐渐显现的潜能或需要，被称为高级需要。

马斯洛将需求由较低到较高划分为五个层次，包括：生理的需要、安全的需要、感情的需要、尊重的需要和自我实现的需要。每个人都有这五种不同层次的需要，其中最迫切的需要，就是激励人行动的主要原因和动力。在低层次的需要得到适当满足之后，高层次的需要就充分显现了出来。

谈话，是人类高层次需求的表现之一。通过谈话，可以满足人们情感的需要、尊重的需要和自我实现的需要。而只有把对方置于谈话中心，以对方为谈话对象，才能满足对方的高级需要，即满足对方在感情、尊重和自我实现上的需要，使人对自己充满信心，对社会满腔热情，体验到自己活着的价值。

所以，为了可以更好地交流和沟通，一定要做到以对方为谈话对象，让对方的心理需求得到基本的满足。每个人只有在感到被关注、被满足、被理解的时候，才会敞开心扉，真诚地交流和沟通。

罗索·康威尔是一位很有名的演说家，他曾经做过近六千次同一个题目的演讲——《如何寻找自己》。肯定有很多人会感到疑惑，同一个题目讲这么多次，岂不是早已将内容背得滚瓜烂熟，像录音机一样，语气音调可能都不会有变化了。

而事实却并非如此。康威尔博士之所以成为一位演讲大师，成为一名著名的演说家，就是因为他做到了一件事：把对方当作谈话对象，随机应变，因人而异。所以每一次演讲，他都会让听众感到特别和新鲜，都让听众感到演讲是为他们量身打造的。

康威尔博士的经验是：去任何一个地方演讲之前，总是设法早一些到达，以便有时间去拜访当地的牧师、旅馆的经理、学校的校长等，并且尽量抽出时间和人们交谈，了解当地的历史与现状，了解他们的愿望和需求。经过这样的调查和研究，再去发表演讲，就能做到以当地人为谈话对象，谈论当地人希望听到的话题，使用适合他们的语言和题材，从而很快地感染听众，使其能够融入其中。

耶鲁大学的文学院教授菲尔普斯，在孩童时期经历过一件事，这件事对他影响深远。菲尔普斯 8 岁那年，去姑妈家度假，那天晚上，有位男士去姑妈家拜访，并且在寒暄之后，与 8 岁的菲尔普斯进行了亲切的交谈。他回忆说，那个时候自己最感兴趣的就是帆船，而那位客人谈到这个话题时，也是一副兴致勃勃的样子，并且好像颇有研究，于是那天他们像遇到了知音一样，谈得十分投机。

客人走后，他对姑妈说这个人和自己一样对帆船很感兴趣，并且好像还很有研究。但是姑妈却微笑着告诉他，那位客人是一位律师，对帆船不可能有什么深入的研究，只是为了做一位绅士，让自己在任何地方都受到欢迎，所以才很有兴致地同他谈论帆船。这次经历在菲尔普斯心中留下了深刻的印象，从那时起，他认识到了在交谈中把对方当作谈话对象的重要性。

中国有句俗话，"到什么山头唱什么歌"，意指谈话必须以谈话对象为中心，从而与对方建立起和谐而密切的谈话关系。一个人之所以对某件事情有兴趣，就是因为这件事与他们有关系，如果你谈论的问题与他没有关系，他又有什么理由与你继续交谈下去呢？

No.3　如何把对方当作谈话对象，围绕对方展开话题

首先，要拥有一颗宽容并且善解人意的心。把握好他人的心理，才能做到以对方为中心。把对方当作谈话对象，一定要避免自我主义，在心态上要积极自然，在态度上要亲切温婉。

第二，要学会察言观色，收集有用的信息，运用各种方法，尽快地熟悉对方，了解对方。在谈话过程中，必须认真、仔细地观察谈话对象，才可以通过观察获得更多的和对方有关的信息。对方的发型、服饰、说话时的声调及举止等，都会暴露对方的兴趣、爱好和修养。卡耐基认为，了解一个人的方法有很多，可以查阅他的有关著作，可以通过与他有接触的人来了解，然而最直接、最有效的方法还是察言观色。

第三，要善于发掘有共鸣的话题，找到彼此的共鸣点。共鸣点，是顺利打开对方话匣的最佳切入点。男人一般从一场球赛、一辆汽车开始拉近距离，女人一般从时装、化妆品开始成为死党。交谈是双向互动的过程，找到了共鸣点，才可以顺利互动。那么，如何找到共鸣点呢？

1.选择大家都关心的事件为话题，对准大家的兴奋中心。包括

时事新闻、娱乐新闻以及大家都较为关注的人物和事件等。

2. 灵活自然，就地取材。在谈话时，巧妙地借用对方的某些题材为话题，就能引出源源不断的话题。比如借用对方的籍贯、年龄、服饰等信息，即兴引出话题。

3. 学会"投石问路"。提一些"投石"式的问题，在对对方略有了解后，再有目的地交谈，便能谈得更为自如。

4. 用对方熟悉的话题或话语来展开交谈。比如你跟从来不用电脑的老年人讨论比尔·盖茨，就不如和他讨论养生之法。从对方熟悉的话题展开谈话，本身就是对对方的尊重。

最后，要适当插话，适时引领对话的走向。不能偏离自己的目的或者主题太远，要放得出去收得回来，并且一定要让对方感受到你谈话的对象和中心都是他本人。

课外辅导

1. 谈话要因人而异，以对方感兴趣的话题为主要内容。

举例来说，和孩子谈话，应该谈论糖果和游戏；和学生谈话，应该探讨学习和考试；和青年人谈话，应该交流时下的流行趋势和恋爱情感；和太太们谈话，应该讨论厨艺和育儿经验；见到老人，则应与之聊聊晚年生活。

2. 以对方为谈话对象，要注意些什么？

注意不要夸大其辞，注意不要有成见，注意不要抱有敌对态度。

注意适度地强调对方，注意不要过度谦恭，注意回避对方的隐私。

第四课　要记住对方的姓名

你不能把对你来说很重要的人当成是面目不清的抽象名词。美国有个调查显示，说一般人最喜欢的字，是自己姓名里的字。相信我们都有这样的经验：不管是看新闻、看报纸，还是看广告、看电视，我们都很容易被自己的名字里的字所吸引。说好话，如果能记住对方的姓名，适时强调对方的姓名，就能够拉近彼此的距离。

137

No.1 重视对方的名字

多数人有一个特点：重视自己的名字，对自己的名字比对世界上其他人、其他东西的名字都感兴趣。

钢铁大王安祖·卡耐基小的时候，曾经抓到过一窝兔子，可是却没有东西喂它们。他灵机一动，对身边的小伙伴们承诺："你们谁能给小兔子弄点吃的来，我就以谁的名字给小兔子起名。"这一招非常有效，孩子们给小兔子们弄来了很多食物，卡耐基再不用担心小兔子们没吃的了。

成年后，卡耐基把这个命名的方法用在了跟乔治·普尔门合作的卧车生意中，也取得了良好的效果。

当时，卡耐基的中央交通公司跟乔治·普尔门的公司争夺联合太平洋铁路公司的卧车生意，双方互不相让，竞相杀价，使这笔生意毫无利润可言。无奈之下，卡耐基和普尔门相继到纽约去拜访联合太平洋铁路公司的董事，然而他们两个人却在一家饭店偶遇了。卡耐基笑着对普尔门说："普尔门先生，我们别争了，再争下去岂不是要出洋相？"

接着，卡耐基把早已考虑好的方案告知了普尔门，卡耐基建议两家公司进行合并，这样不仅可以避免恶性竞争，也可以共同获利。普尔门认真地倾听，不时地点头，表示认可。最后，普尔门问卡耐基：

"这个新公司叫什么呢？"卡耐基毫不犹豫地说："当然叫普尔门皇宫卧车公司。"普尔门的眼睛迅即一亮，随即说："请您到我房间来，我们来讨论一下普尔门皇宫卧车公司的事情。"

很少有人不重视自己的名字，所以，要说好话，一定要记住别人的名字。卡耐基用普尔门的名字为新公司命名，促成了合作，让普尔门心满意足。而在日常交谈中，记住谈话对象的名字，并自然地叫出来，对谈话对象来说无疑是一种赞美，而且，没有人会拒绝和反感这种赞美。

有一家咖啡店的女主人，每天大约能记住 8 个左右来店里休息娱乐的顾客的姓名和长相，几年来，她记住了上千名顾客的姓名和面孔，即使是很久没光顾的顾客，再见面时，她还是能够一下子叫出对方的姓名，客人们在惊喜之余也倍感亲切。也正因为她记住了上千名顾客的名字，她的咖啡店生意兴隆，回头客越来越多。

当然，记住谈话对象的名字，还需要注意在交谈中提及谈话对象的姓名的次数要适度。一位男士和一位女士初次约会，10 分钟内，男士提及女士的名字多达 6 次，这令女士非常反感，最终给那位男士的评价是"亲切而不庄重，看上去不诚实"。对于初次交谈的人来说，动不动就称呼对方的名字，很容易让人感觉不舒服。

重视对方的名字，意味着重视对方这个人，因为名字是身份和尊严的重要组成部分。

No.2　记住别人的名字是一种尊重

记住别人的名字无疑是对别人最大的尊重。

吉姆·弗雷德，46 岁担任美国国家邮政部长，年近 50 时被美国的四所名牌大学授予荣誉学位，协助罗斯福成功入主白宫。吉姆·弗雷德既没有显赫的家境，又没有高深的学历，他究竟靠什么取得成功呢？

当一位年轻的记者叩开吉姆·弗雷德办公室的大门，向他提出这个问题时，吉姆·弗雷德说："辛勤地工作，这就是我成功的秘诀。"记者对这个答案感到非常不满，想也没想就说道："不，这不是我想要的答案。我听说您至少能随口说出 1 万个曾经认识的人的名字，这才是您获得成功的秘诀。"

年轻的记者以为弗雷德会赞成自己的观点，并且为自己了解这么多的信息而感到惊讶，没想到弗雷德却说："不，我至少能准确无误地说出 5 万个人的名字。并且，若干年后再遇见他们时，我依然会叫出他们的名字，我还会问候他们的妻子、儿女，并且聊起与他们的工作和政治立场等相关的各种事情。"

记者惊讶不已，追问道："为什么您能做到这些？您有特殊的记忆能力吗？"弗雷德接着回答："没有，我只是在认识每一个人的时候，都会把他们的全名记在本子上，并且想办法了解对方的家庭、工作、喜好以及政治立场等，然后把这些东西全部深深地刻在脑海当中。下一次见面时，不论时隔多久，我都会把刻在脑海中的这些信息迅速调出来。"

所以，尽可能多地记住别人的名字，了解别人的爱好以及需要，不仅仅是说好话的基础方法，更是对别人的尊重。当你准确地叫出邂逅的朋友的名字时，对方不仅会充分感受到你的尊重，也会加深对你的印象。

我们每一天都会遇见不同的人，在第一时间记住对方的名字，是拉近彼此距离的最佳途径。记住别人的名字，看上去只是一件小事，但正是这件小事，包含了说话的大智慧。都说细节决定成败，吉姆·弗雷德的例子不就是最好的证明吗？

No.3　怎样提及谈话对象的姓名

在我国，很多时候，在称呼谈话对象时，人们会习惯性地在谈话对象的姓氏前面加一个"小"字或者"老"字，这是习惯用法。然而，并不是所有的人都喜欢被这样称呼。而在日常生活中，还有些人习惯在别人的姓氏后面加上"哥""姐"之类的词，这也并不是放之四海而皆准的提及谈话对象姓名的说法。事实上，在不同的场合有不同的称呼，要根据谈话场合和谈话对象适当地提及谈话对象的姓名。

我们来举个例子：有一个人全名叫李武军，他是一名公司经理。家人与长辈对他的称呼是武军，哥们儿对他的称呼是老李，朋友对他的称呼是阿军、老李、李哥、武军，同事对他的称呼是李武军、李经理、李总，客户对他的称呼是李先生、李老师、李经理、李总，董事长对他的称呼是小李、李武军、武军。

不同的人对李武军的称呼不尽相同，我们自己对此也会有切身的感受：家人和朋友提及我们的名字时，会让我们倍感亲切，但是如果一个陌生人使用了家人常常提及的称呼，我们就会觉得浑身不自在。所以，在记住别人名字的同时，还要学会如何提及对方的名字。是称呼全名还是称呼"小某""某总""某哥"？一定要多加注意。

按照正常的礼仪，凡年满18周岁的人，应以他们的名字来称呼，这是最恰当的，所以，直呼其名是最亲切的称呼。对方大你三五岁，或你大对方三五岁，直呼他的名字最亲切，所谓"不是亲兄弟，胜似亲兄弟"。

其次就是连姓带名一起称呼。长辈称呼晚辈可以这样直呼姓名，同事之间可以这样直呼姓名。不过除了在比较正式的场合，一般还是不要这样直呼姓名，否则有不礼貌之嫌。

比较合适的称呼，当以对方的职位或"先生""女士"相称，这也能体现出你的素质与修养。如果别人称你"张老师"，你也应当以"王老师"相称才对；别人叫你"李先生"，你也应当称人家"刘先生"才符合礼节。

No.4　轻松记住别人名字的6个技巧

人们常常对能记住自己名字的人说"你的记性真好""你太厉害了"之类的话，其实，记住别人的姓名并没有那么难。不要去羡慕那些记忆力超强的人，以下6个小技巧，可以帮你轻松记住很多人的名字。

技巧一：表现出你对别人的兴趣。

在与别人交谈时，很多人难免走进一个误区，那就是为了给对方留下一个自认为较为完美的印象，一味地表现自己、介绍自己。殊不知，这不但不会给别人留下较好的印象，反而会让别人觉得你没把他当回事。所以，在开始谈话时，就要表现出对谈话对象很感兴趣的样子，请别人向你介绍自己，而不是一味地向别人介绍自己。

技巧二：重复一遍对方的名字。

在谈话对象向你介绍他自己时，你可以重复一遍谈话对象的名字，以此来确认自己是否记住了对方的名字，以及自己的发音是否正确。如果对方的名字比较难记，你可以多重复几遍。

技巧三：恰当提及对方的名字。

与对方交谈时，在合适的情况下，多重复几遍对方的名字，有利于你记住对方的名字。但切忌重复次数太多，以至让人心烦，要掌握好提及对方名字的"度"。

技巧四：将名字与人对上号。

闲暇时，默默地将记忆里的名字跟对方的相貌做一个连线，并重复几遍这个过程，这样会加深你对对方的名字和相貌的印象，以免时间久了淡忘。

技巧五：使用与对方的名字相关联的词语。

如果对方的名字和你所知道的某些词语或者与你的朋友的名字有相似之处，那就赶快将这个相似点记下来，并在使用与对方的名字相关联的词语时，不断加深记忆，牢记对方的名字。

技巧六：把对方的名字写下来。

把谈话对象的名字写下来，多翻几次笔记本，久而久之你自然会对那些名字印象深刻。

名字作为每个人特有的标识，是非常重要的。尝试记住别人的名字，不仅是对他们的尊重和重视，同时也能让别人对你有更好的印象。

课外辅导

1. 提及名字，南北方有所差异。

南方的人喜欢别人称呼自己大点，比如大你十岁八岁或十多岁的，你称对为方大哥或者大姐，对方心里反而不舒服，你叫对方"大叔""阿姨""师傅"，对方反而高兴。北方则正好相反，大十岁、二十岁乃至三十岁的，你称对方为"大哥"或"大姐"，对方会很高兴；你称对方为"叔叔""阿姨"，对方会觉得你把他们叫"老"了，心里会不高兴。

2. 称呼别人宁可叫高不叫低。

对于辈分比自己高的，就算你知道对方的姓名，初次见面时也不能直呼其名，那样会显得不尊重，最好是姓氏＋职位的称呼比较合适。称呼别人，宁可叫高不要叫低。比如别人是副局长，你称呼人家局长的话，人家也是不会拒绝的；但是如果别人是正局长，你称呼人家副局长，人家就会不开心了。

第五课　千万别哪壶不开提哪壶

人生处处有地雷，如果你没有被炸到，那只是因为你还没有踩到。同样，谈话也要避开雷区，别哪壶不开提哪壶。别说你"性格直率"，别说你"口无遮拦"，直率并不是你口无遮拦的理由。不要"哪壶不开提哪壶"，本身表示出了对谈话对象应有的尊重。

No.1　说话为什么不能哪壶不开提哪壶?

如果我们留心观察，会发现身边有很多这样的朋友：他们说话张口就来，想到哪里就说到哪里，更有甚者，常常哪壶不开提哪壶，净说一些别人不爱听的话，动辄撞上"火山口"，引起诸多麻烦。

要想把话说好，千万别哪壶不开提哪壶。每个人都有自己的敏感话题，都有不愿示人的伤口，如果触碰到了这些话题，就会造成谈话的冷场甚至中断。

之所以不能哪壶不开提哪壶，首先是因为这会在无意中伤害到谈话对象。比如一位体态较胖的中年妇女走进一家服装店，却发现没有自己能穿得下的衣服，这时候，如果销售人员对她说"大妈，您太胖了，我们这里没有您可以穿的衣服"，这位中年妇女一定心中不快。如果销售人员接着说："您去老年人专柜看看吧，那里也许有适合您的衣服"，可想而知，中年妇女会多么恼火，也肯定不会再次光临这家服装店了。

第二，不提对方不愿谈及的话题，本身就表达了对谈话对象应有的尊重，如果非要哪壶不开提哪壶，就会给人留下粗俗没有涵养的印象。有些人好八卦，专好传播小道消息，成天东家长西家短，拿别人的缺陷或隐私来取乐，这样的人最讨人厌。所谓"来说是非事，必是是非人"，就是说的这种人。

《论语·雍也》里有这样一段话，"质胜文则野，文胜质则史，文质彬彬，然后君子"。意思就是，质朴胜过了文饰就会粗野，文饰胜过了质朴就会虚浮，质朴和文饰比例恰当，才可以成为君子。说话过于直率，哪壶不开提哪壶，就是粗俗野蛮。

有这么一个笑话：有位男同学，有一天上选修课，发现旁边的女生很漂亮，想与之搭讪，于是就拿正在上课的教授来调侃。他对漂亮女生说："这个教授长得真奇怪，像马铃薯一样。"结果对方诧异地看了他一眼，气愤地丢下了一句"他是我爸爸"，便坚决不再理他。这个笑话就是说，不要有意去暴露别人的缺点，哪怕并不是谈话对象本人的缺点，也别哪壶不开提哪壶。这不是幽默风趣，而是浅薄粗俗。

第三，哪壶不开提哪壶，还会失去别人的信任，对未来的人际关系产生负面影响。人际交往是一件非常微妙的事情，如果连自己的嘴巴都管不住，哪壶不开提哪壶，说明这个人嘴巴不严，做事不可靠。

同时，哪壶不开提哪壶，还会得罪人，对象也许当时谈话并不会驳斥你，也不会恼怒，但是说不定哪一天，被你冒犯的那个谈话对象就会站出来报复你。很多人就是因为哪壶不开提哪壶，在无意中得罪了谈话对象，这样的例子在小说和影视剧中颇为常见。

所以，为了避免对自己未来的人际交往带来不良的影响，为了避免给谈话对象留下不好的印象，还是不要哪壶不开提哪壶。

最后，别为自己哪壶不开提哪壶找借口。当被要求千万别哪壶不开提哪壶时，有些人也许会说"我就是直率，我就是大大咧咧，我说话比较直"。诚然，从心理学角度讲，直率的人的确不喜欢隐瞒自己内心的想法，也并不喜欢刻意地改变自己的说话方式，直率的人真实、不做作。然而，只有童言无忌的说法，作为成年人，直率也要适度，不要仗着自己性格耿直，就哪壶不开提哪壶，丝毫不考虑谈话对象的感受，不考虑谈话的场合。"性格直率"不是"口无遮拦"的原因和借口。

No.2　常见的哪壶不开提哪壶的说话方式

"你最近怎么胖成这样？""怎么这么大年纪了还没有男朋友？""听说你又失业了？"诸如此类的话，你是不是也说过？所谓说话时哪壶不开提哪壶，就是在说话时提到了别人的隐私或者缺点，说了不该说的话。

常见的哪壶不开提哪壶的说话方式有以下几种情况：

第一，提及对方有苦衷的、不方便对他人说的事情，尤其是对方不愿和不熟悉的人说的内容，比如隐私、隐疾等。"长舌妇"们喜欢搬弄是非，喜欢到处打听别人的隐私，喜欢唠叨人家的家庭和情感问题，甚至喜欢在当事人面前提及这些事情，看似好心、关心，实际上却是典型的哪壶不开提哪壶。

第二，容易让对方产生对立情绪，甚至引发争执的话题。有些人嗜辩成性，说话时指手画脚，不管对方说什么，都要提出反对意见一争长短。这样一味地逞强好胜，就是哪壶不开提哪壶的另一种表现形式。久而久之，就会让你变成不受欢迎的人，让别人对你敬而远之。

第三，说话"少根筋"，不分场合、不分对象，不看情况，想说就说。比如在喜宴上，对新郎新娘说："今天很开心，再有下次，我一定还来捧场"；在寿宴上，向寿星宣传人寿保险的益处。再比如和即将出门远行的人大谈交通灾难和意外事件；当自己得到了老板的赏识，就在办公室里向所有人炫耀……这就是说话过于直接，欠缺思考的表现，就算说的明明是对的、好的，也会惹得谈话对象一肚子不满。

No.3 巧用白德巴定律和开口的三扇门，避免哪壶不开提哪壶

在管理学上有一个白德巴定律，即多说无益。说出去的话如同泼出去的水，是再也收不回来的。所以，要避免哪壶不开提哪壶，就要巧用白德巴定律，管住自己的嘴巴。善于约束自己的嘴巴的人，就会在行动上得到最大的自由。我们需要管好自己的嘴，少插话，适时控制自己发表演说和多管"闲事"的欲望。说得通俗点，就是嘴上要有把门的。

第一，说话前要三思，要认真斟酌一番，尽量避免和谈话对象谈到年纪、体重、健康状况、晋升途径、性生活、收入、薪酬、开销等内容。

第二，避免有争议性的话题，比如宗教、政治和哲学等，除非你很了解对方的立场，否则在谈话中应该避免涉及这些话题。

第三，不要谈及谈话对象的过失或不幸，比如失业、裁员、离婚、严重的疾病等。若对方主动说起来，你要表现出关心和同情，但千万不要为了满足自己的好奇心而去追问对方不想说的事情。

如果你性格耿直，不喜欢拐弯抹角地说话，那么开口前最好先问自己三个问题：倘若这么说，那么是否是真的？是否是善意的？

是否是有必要的？这就是源自当代佛教和印度教的"开口的三扇门"，具体说，就是以下三个问题：

第一，这是真的吗？虚构和扭曲事实都是在撒谎，因个人评判而引起的虚构也是不真实的。所以，一定要从事实出发，避免因为个人评判而扭曲事实真相。

第二，这是善意的吗？有些事实是真的，但是说出来好像并非是善意的，甚至令人难以承受。那么，我们应该说出来，还是应该隐瞒？这需要根据具体的情况权衡利弊。

第三，这是有必要的吗？有些话我们要放在心里不说出来，因为它根本就是无关痛痒的话，或者是无须理会的流言蜚语，完全没有必要说出来。有些话关乎原则性问题，说出来会对别人产生不好的影响，那么就完全没有必要说，或者不能说。

如果我们在开口之前认真思考了这三个问题，走过了"开口的三扇门"，那么就可以尽量避免哪壶不开提哪壶，把因为言语给别人带来伤害的可能性减到最小，也能给自己省掉很多麻烦，为自己赢得别人的信赖。

No.4　直言必然不可取吗？

常言道"祸从口出"，直言揭穿别人是说话的一大禁忌，所以要说好话，千万别哪壶不开提哪壶。然而直言必然不可取吗？也未必。在有些情况下，直言是必要的，在原则性问题上说实话，讲诚信，是做人的原则。比如你知道公司的会计在做假账，那么即便你和会计的关系非常好，你也有义务告知老板。所以，直言并非完全不可取，只是要把握情势，分别处理。

公元 630 年，唐太宗派人征兵。有个大臣建议：不满十八岁的男子，只要身材高大，也可应征。唐太宗同意了。但是诏书却被魏徵扣住不发。唐太宗大发雷霆，派人把魏徵叫来，训斥道："那些个头高大的男子，自己说不到十八岁，其实可能是故意隐瞒年龄，逃避征兵。我的诏书，你为什么扣住不发？"魏徵说："我听说，把湖水抽干捉鱼，虽能捉到鱼，但是到明年湖中就无鱼可捞了；把树林烧光捉野兽，也可以捉到野兽，但是到明年就无兽可捉了。如果把那些身强力壮，不到十八岁的男子都征来当兵，以后还从哪里征兵呢？国家的租税杂役有由谁来负担呢？"魏徵说的唐太宗哑口无言。唐太宗于是又重新下道诏书，免征不到十八岁的男子。由于唐太宗能虚心纳谏，他在位期间，唐朝的政治安定，经济繁荣，成为太平盛世。公元 603 年，落后的封建制度中，国家重大决策权只掌握在皇帝一个人手中。幸运的是，百姓有一个忠心耿耿，敢于直谏的贤臣和一个明辨是非，虚怀纳谏的明君。

课外辅导

1. 万一不小心说了哪壶不开提哪壶的话怎么办？

万一说了哪壶不开提哪壶的话，踩到了说话的雷区，那么一定要及时设法弥补。比如立刻借用别的人、事、物来转移对方注意力，或者自嘲一下、开个玩笑、说个笑话，缓解一下气氛，再重新进入正题。

2. 拒绝哪壶不开提哪壶的重要性是什么？

说话是一门艺术，"良言一句三冬暖，恶语伤人六月寒"，我们要谨言慎言，注意说话的艺术，千万别哪壶不开提哪壶，这样可以营造良好的氛围，避免不欢而散，避免无谓的误解和争端。心理学研究表明，在愉快的心境下交谈时，人们很容易产生求同或者包容的心理，容易接受对方的观点，不会轻易排斥对方的不同意见。

第六课　说好"挑衅"的话

适度地挑衅，能让谈话热络，因为每个人都希望自己的意见被重视、被探讨，而不是被一个完全没原则的人敷衍了事地点头称是，应付过去。说好话，并不意味着要一味地赞同，一味地肯定，适度地"挑衅"，反而能够激起对方说话的欲望，能够活跃谈话的气氛。

No.1　无休止的附和是没有价值的

在交谈中，你喜欢不停地甩出"嗯""好的""对"之类的字眼吗？你是否是一个很"安静"的听众？在中国人的传统观念中，"附和"别人，是对别人的一种尊重，是对谈话的一种认可，这并没有错。然而，凡事须适度，无休止地附和，就会把有价值的认可变成无价值的敷衍。

在日语中，"附和"指的是炼钢时用来敲打钢块的锤子，引申后指在炼钢时，需要掌握火候敲打钢块，也就是说，如果掌握不好火候，钢就炼不好。谈话也一样，火候很重要。

在日本，很多人喜欢看歌舞伎，歌舞伎在日本的地位和京剧在中国的地位差不多。看歌舞伎的时候，也有观众喝彩，但是喝彩却大有学问。如果观众自始至终都在鼓掌喝彩，台上的演出将无法进行下去。

适当地附和别人，能够让谈话对象感到愉悦和被认可，只要我们注意说话人语句中的停顿，就像炼钢打铁时的一敲一停，掌握好对方说话的节奏，配合对方适时做出附和的举止，就能够让对方感觉到我们的欣赏和认可。

但有些人在谈话时，喜欢从头至尾都不停地点头，貌似诚恳，实则敷衍，没有自己的丝毫见解。这样"顺从"的对话者，往往会让另一方很为难，始终听不到对方建设性的话语，逐渐进入一台独角戏。

所以，要说好话，就要说好"挑衅"的话，及时提出自己的意见，发表自己的见解，只有这样，才会激发对方谈话的欲望，促进谈话顺利热烈地进行。如果一方始终在附和，没有丝毫的质疑或者提问，那么对方多半会感觉索然无趣，从而不再有交谈下去的兴致。

所以，一个聪明的谈话者在做好倾听者的同时，也要学会说"挑衅"的话，适度附和，适当建议，促进谈话的顺利进展。

No.2　　适度"挑衅"是一种智慧

一言可以兴邦，片语可以辱国。古话讲："一人之辩，重于九鼎之宝；三寸之舌，强于百万之师。"由此可见，适度"挑衅"，能言善辩，就是一种能力。

美国前总统林肯曾经说过："一个不会说话的人，无疑是一个失败者。"事实确实如此，一个不会说话只会附和别人的人，是不太可能有大的作为的。

有一次，林肯总统在擦皮靴，一位外交官看到后，就想嘲笑林肯总统一番，于是戏谑地问道："总统先生，您总是自己擦靴子吗？"林肯听出了对方的弦外之音，不动声色地回答："是啊，那你经常擦谁的靴子呢？"试想，如果林肯只是附和式地"嗯"一声，无疑就会被外交官嘲弄。林肯的高明之处就在于他巧妙地绕开了对方的发问，"挑衅"对方提出的话题，从而回敬了对方的恶意，让对方哑口无言。

古今中外，大多数成功人士都是善于"挑衅"的口才大师，不管是美国前总统克林顿、奥巴马，或是美国商界的乔布斯、盖茨，还是日本商界的松下幸之助，他们从来不会人云亦云地随声附和，而是善于"挑衅"的口才大师。

　　"二战"时，美国人赖以生存和竞争的三大战略武器分别是原子弹、美钞和口才。而现在，美国人赖以生存和竞争的三大战略武器是口才、美钞和电脑。口才从原来的第三位变成现在的第一位。而好的口才，无疑离不开适度的"挑衅"。

No.3 巧用"三明治法"适度"挑衅"

"挑衅",说起来简单,做起来却并不容易。其实,成熟自信的人应该明白,我们每个人都有"挑衅"的权利,都可以在谈话中提出相关的有趣而尖锐的问题。适度地"挑衅",不是粗暴和无礼,而是在尊重的前提下有效实施的谈话技巧。

要想把"挑衅"的话说得有技巧,避免和别人起冲突,最常用的是"先肯定、再否定、后安抚"的"三明治法",即不管别人说什么,都先肯定积极地予以回应,然后从肯定向否定过渡,"关于您谈话中的某一点,我个人有一些看法,不知当讲不当讲……"或者"您看是否可以做这样的补充……"最后一定不要忘了对对方进行安抚:"通过和您谈话,我收获颇丰……"

要巧用"三明治法",就要选对"挑衅"的时机和场合。所谓"好钢要用在刀刃上",如果时机不对,场合不当,你的"挑衅",就有可能不被对方接受,甚至被对方误解。如果时机成熟,那么适度的"挑衅"将是你在此次谈话中最具力度的回应。

1965 年春天,美国约翰逊政府逐步扩大侵越战争,公然宣布把中国当作主要敌人,声称"存在着同中国发生战争的危险",图谋在亚洲发动一场更大规模的、世界性的战争。

针对这种情况,1965 年 4 月,周恩来请巴基斯坦总统阿尤布·汗向约翰逊转告中国对美国的政策。1966 年 4 月 10 日,周恩来同巴基斯坦《黎明报》记者伊查兹·侯赛因谈话时，他重申了这个政策。在那次谈话中，周恩来总理的适度"挑衅"，彰显了伟大的中华民族的英雄气概，让美国再也不敢对中国轻举妄动！

当时，周恩来在《人民日报》上公布："中国不会主动挑起对美国的战争。中国没有派兵去夏威夷，是美国侵占了中国领土台湾省。尽管这样，中国仍然努力通过谈判要求美国从台湾省和台湾海峡地区撤走它的一切武装力量，并且已经先后在日内瓦和华沙同美国就这个绝不能让步的原则问题谈了十多年。这就是一个很好的证明。

"中国人是说话算数的。那就是，如果亚洲、非洲或世界上任何国家遭到以美国为首的帝国主义的侵略，中国政府和中国人民是一定要给以支持和援助的。如果由于这种正义行动引起美国侵犯中国，我们将毫不犹豫地奋起抵抗，战斗到底。

"中国是做了准备的。如果美国把战争强加于中国，不论它来多少人，用什么武器，包括核子武器在内，可以肯定地说，它将进得来，出不去。既然一千四百万越南南方人民对付得了二十几万美军，那么六亿五千万中国人民也肯定对付得了一千万美军。美国侵略者不管来多少，必将被消灭在中国。"

这就是"先肯定、再否定、后安抚"的"三明治法"的延伸，这样的"挑衅"，不仅维护了国家的尊严，也彰显了民族的气节。所以，说好"挑衅"的话，是说好话的绝好方法。

No.4　适度"挑衅"的四个妙招

适度"挑衅",就是用摆事实、讲道理的方式反驳对方的错误观点,论证自己的正确观点。"挑衅"有技巧。用得好,我们的谈话就会火花四溅,充满张力。

技巧一：逻辑推理法

直接指出对方观点中的逻辑矛盾,"挑衅"对方的权威。

小张和小王一起谈论一场国际网球比赛,小张口若悬河,侃侃而谈,提出为了比赛的准确性而引入鹰眼设备,过分强调比赛的公正性,严重弱化了体育比赛的观赏性和参与性这一观点。小王静静地听着,最后,他在小张停顿的间隙反问道:"我们观赏的是什么?是一种公平竞争的美感,一种运动和谐的快感,如果连公平都得不到保证,观赏性又从何而来?"

小王顺着小张的逻辑思路,用设问和反问的方法,把体育比赛的观赏性与公正性之间的逻辑关系讲得清楚明了,明确指出对方的观点中隐含的逻辑矛盾。

技巧二：事例法

事实胜于雄辩,用事实来佐证自己的观点,无疑是最有力的

"挑衅"。

小芳和小容一起谈古论今，论及王勃，小芳感慨："王勃才华横溢，可惜 20 多岁就去世了，有天赋的英才大多早亡。"小容笑了，接着小芳的话说："白居易 5 岁能作诗，9 岁通声律，却活到了 74 岁；控制论的创始人诺伯特·维纳，10 岁上大学，14 岁从哈佛大学毕业，也活到了 70 岁。他们不都是具有天赋的英才吗？可他们都活得长久！"小芳也笑了，承认自己刚才的说法有些片面。

技巧三：反问法

有时候，我们可以通过提出的反问句来"挑衅"，这样的反问句通常是不用回答的，"挑衅人"用反问的方式来表达确定的内容，答案就包含在问句之中。同样的意思，反问句要比其他句式显得更有力度。比如"难道不是这样吗？"就比"是这样"有力得多。

"文革"时，有人攻击彭德怀，说百团大战惹恼了日本人，生出了一些无端的杀戮。在一次批判会上，彭德怀义正辞严地反问："请问，'九·一八'日本侵占我国东北是谁招惹来的？'七七卢沟桥事变'是谁惹恼了侵略者？我再请问，日本鬼子对我国同胞惨无人道的烧杀，难道只是在百团大战以后才开始的吗？"这一连串的反问，气势磅礴，驳得对方无话可说。

技巧四：比喻法

比喻可以把抽象的道理具体化，适当地将比喻运用到反驳中，可以把道理讲得更生动、更通俗，也更加鲜明有力。

有一次，著名作家刘绍棠在海外做演讲，外国记者问刘绍棠："共产党这么英明伟大，为什么就不能容纳一点点自由化的东西呢？"

刘绍棠没有直接反驳，而是大声问道："你看我的身体怎么样？"

外国记者回答："很健康！"

刘绍棠接着说："谢谢！尽管我刘绍棠如此壮实，但是，要让我去吃苍蝇，我是绝对不干的！"听众迅即热烈地鼓起掌来。

刘绍棠的回答，就比直接讲道理的方式更巧妙，更省事，也更有力度。

课外辅导

适度"挑衅"要注意：

1. 语气要诚恳，说理要充分；

2. 从正反两方面入手"挑衅"，思维缜密，力求让对方无懈可击;

3. 见好就收，反驳要适当，不能得理不饶人。

第七课　施展真正有益于话题进展的幽默

幽默感跟笑话，是两件事。讲话幽默的人，就像走路好看的人，你跟他走在一起，会觉得很平常的走路也是赏心乐事。所以，要说好话，就要施展真正有益于话题进展的幽默，让双方进入一种愉悦的谈话气氛，这样才能真正推动谈话的进展，达到谈话的目的。

你喜欢《憨豆先生》吗？

我喜欢。

我也喜欢。

你知道为什么那么多人喜欢憨豆先生吗？

他很搞笑？

他会讲笑话？

因为他有幽默感，幽默感和搞笑、讲笑话是两件事。讲话幽默的人，就像走路好看的人，你跟他走在一起，会觉得很平常的走路，也是发心乐事。

总，要来说好话，就要施展真正有益于话题进展的幽默。

对，要施展真正的幽默，才能让双方进入一种愉悦的谈话气氛，只有这样才能真正推动谈话的进展，达到谈话的目的。

171

No.1　学会幽默之前要先学会微笑

作家铁凝曾经给作家冰心写过一封信，信中这样写道："假如我曾经不安过，假如我的心境曾经比您的年龄还要苍老过，是您的微笑照耀了我的日子，您的微笑使我年轻。"在人的身体里，笑是一种机制，它不但可以让我们感受到愉悦，还可以帮助我们顺利沟通，与谈话者建立起友情。说好话，要施展有益于话题进展的幽默，而在学会幽默之前，先要学会微笑。

微笑是谈话中不可或缺的润滑剂。俗语说得好，"笑比哭好""笑一笑，十年少""伸手不打笑脸人"。当我们面对一个陌生的谈话者时，冲对方微笑，不仅能够缓和紧张的气氛，还能够表达我们的友善。在我们还没有想好如何开口说第一句话的时候，微笑就是最好的表达、最佳的招牌。

没有人会拒绝一个微笑着站在自己面前的陌生人。研究表明，笑是使人类成为高级的社会性动物的主要标志之一。笑与幽默是密不可分的，你要想说出的话幽默有趣，就要先学会在说话过程中开口微笑。

著名画家达·芬奇的名作《蒙娜丽莎》享誉世界，画中人的微笑让人回味无穷，不管哪个国家、哪个民族的观者，都会被其微笑所感动。微笑是一种特殊的语言，而且是世界通用的体态语，它超越了民族的界限和文化的差异。而且，当你和别人在一起交谈时，微笑的可能性比独处时高出 30 倍。

对于婴儿来说，首先学会的两种表情就是哭泣和微笑，这是人体的一种本能反应，也是一种本能的社交行为。实际上，我们在笑的时候，往往自己都没有意识到。然而，随着年龄的增长，随着经历的增多，很多成年人忘记了如何微笑。

所以，我们在学说话的过程中，一定要先学会微笑。虽然这是一个再简单不过的面部表情，但它却是谈话当中最好的通行证。没有人愿意对着一张愁眉不展的脸，也没有人会拒绝面对一张微笑的面孔。

在谈话中，微笑有着不可低估的力量，微笑所具有的感染力和魅力，是其他表情所无法比拟的。微笑看起来简单，可要笑得自然，打动对方，也需要一定的技巧。

第一，要笑得自然。自然的笑就是最好的笑，切记不可以为笑而笑，没笑装笑，皮笑肉不笑。

第二，要笑得真诚。真诚的笑可以让对方心生温暖，可以引起对方的共鸣，加深彼此的情谊。

第三，要让笑有不同的含义。在说不同的话时，笑传达的情感也必定不同。可以谦恭地笑，也可以友善地笑，还可以开心地笑、宽慰地笑。

最后，微笑要适度，要恰到好处。不可不分场合、不分对象，过分放肆地大笑、狂笑，以免引起谈话对象的反感。

在旅店帝王希尔顿一文不名的时候，他的母亲告诉他，必须寻找到一种简单容易、不花本钱而行之长久的办法去吸引顾客，方能成功。希尔顿最后找到了这样东西，那就是微笑！依靠"今天你微笑了吗"这句座右铭，希尔顿成为了世界上富有的人之一。

No.2　什么是真正有利于话题进展的幽默

有人说，幽默像大西洋百慕大三角区域一样神秘，像达·芬奇笔下蒙娜丽莎的笑容那样微妙，像数学领域中哥德巴赫猜想那样深奥。

在中国传统文化中，幽默被这样定义：幽默，美学名词，英文"humours"的音译，指通过影射、讽喻、双关等修辞方法，在善意的微笑中，揭露出生活中的乖谬和不通情达理之处。幽默是一个外来词，由林语堂先生从英语转译过来。通俗地讲，幽默就是一种特殊的情绪，是一种让我们能更快适应环境、沟通感情的工具。

在日常生活中，幽默是一剂快乐的催化剂。要说好话，一定要学会施展真正有利于话题进展的幽默。它可以帮助我们平息人生的风暴，与他人建立和谐的关系，并达成我们的人生目标。

首先，在运用幽默之前，要先学会分析话题的主旨，只有把握了主旨，才能确定什么是真正有利于话题进展的幽默。

其次，在谈话实践中，要根据谈话对象的特点，判断对方喜欢怎样的幽默，面对幽默会有怎样的反应。运用幽默的方法不是一成不变的，要根据具体情况具体运用。

最后，真正有利于话题进展的幽默并不是笑话，而是比笑话更有深度、更有效果的话题推进剂。真正的幽默，一定要和谈论的话题紧密结合，这样才能让幽默真正成为谈话的推进剂。

在西方社会，有很多政治领袖喜欢用幽默来推进话题，比如，美国前总统里根在 1981 年遇刺受伤，必须进行手术。当时情况万分紧急，但在进入手术室之前，身为共和党人的里根却轻松地对医生和护士说："麻烦你们告诉我，你们都是共和党人。"对此，医生和护士们微笑着回答："总统先生，我们向您宣誓，今天我们全是共和党人。"紧张的气氛顿时一扫而光。

No.3　如何利用幽默推进谈话进程

世界著名的喜剧大师卓别林曾经说过："幽默是智慧的最高体现，具有幽默感的人最富有个人魅力，他不仅能与别人愉悦地相处，更重要的是拥有一个快乐的人生。"那么如何施展幽默，才能推进谈话的进程呢？妙语连珠、论点犀利、一针见血、口若悬河、据理力争，都不如幽默的话语更有效。恰到好处的幽默，能在谈话中起到"四两拨千斤"的作用。

美国著名作家马克·吐温，有一次因为看不惯国会通过的某个法案，在报纸上刊登了一则广告，上面写道："国会议员有一半是混蛋。"报纸一经卖出，许多电话随之而来，那些国会议员们可不认为自己是混蛋，纷纷要求马克·吐温更正。于是马克·吐温随即又登了一则更正启事："我错了，国会议员有一半不是混蛋。"

马克·吐温的幽默可谓四两拨千金，睿智而不偏离主题。

No.4 掌握幽默的基本要素

列宁曾经说过："幽默是一种优美的、健康的品质。"苏联心理学家普拉图谱夫说："幽默是在欢笑的背后隐藏着对事物的严肃态度。"

幽默一般离不开这样一些基本要素：出乎意料、间接、曲解、错置、比照和双关等。这些要素只要运用其中任何一条，就能制造出幽默效果来，而幽默的技巧，也主要围绕这些要素展开。

课外辅导

1. 一段式幽默

基本形式：事实，奇。

一段式具体来说就是，对于一个事实——这个事实既可以是你自己的一段陈述，也可以是谈话对象的一个问题——用一个不常见或不合理的理由制造出幽默效果，也就是曲解问题制造幽默。

一次，里根在白宫钢琴演奏会上讲话时，夫人南希不小心连人带椅跌落在台下的地毯上。观众发出惊叫，但是南希却灵活地爬起来，在200多名宾客的热烈掌声中回到自己的座位上。正在讲话的里根看到夫人并没受伤，便插入一句俏皮话："亲爱的，我告诉过你，只有在我没有获得掌声的时候，你才应这样表演。"

2. 二段式幽默

基本形式：事实，正，奇。

二段式具体来说就是，对于一个事实，先给出一个常见的合理的理由对之进行补充或解释，接着又说出一个不常见或不合常理的理由以制造出幽默效果。"正"是为了比照而用的，而"奇"则是为了制造出人意料的效果。

179

3. 三段式幽默

基本形式：事实，正，正，奇。

三段式结构跟二段式类似，只是多了一层"正"的铺垫部分而已。其目的是制造出更强的比照和出人意料的效果。

4. 符号化幽默

物以类聚、人以群分。我们总是习惯于将各种人、各种事物按照各种关系进行分类，于是就有了符号化。符号化可以作为幽默的一种技巧谨慎运用。值得注意的是，符号本身必须是有趣的，否则仍然无法制造出幽默的效果。

5. 错置幽默

符号化实际上利用的是一种"假借"——借用有趣的"符号"来制造出幽默效果。而错置实际上也是假借了一种有趣的东西，但不是用来替代某个人或事物，而是把这个有趣的东西放置到一个新的环境中，这个新环境跟这个东西是不和谐的，从而制造出幽默效果。

第八课　　一定要针对谈话对象来说话

演讲的人设身处地地站在台下听众的立场上想问题，是最有用的原则。在谈话中，也一定要设身处地地去想你的谈话对象从和你的谈话中得到了什么？是愉悦的心情，是有益的帮助，还是有价值的信息？如果你的话对他来说没有任何益处，他有什么必要和你说话呢？

明天是捕鱼大会，我该说些什么呢？

亲爱的，演讲的人应该设身处地地站在台下观众的立场上考虑问题。

在谈话中，一定要设身处地地想想你的谈话对象，他从和你的谈话中得到了什么？是愉悦的心情？是有益的帮助？是有价值的信息！

对，你们说的都对，在谈话中，一定要针对谈话对象来说话。

尊敬的鸭爸爸、鸭妈妈、鸭大爷、鸭奶奶……

对，一定要记住，如果你的话对对方来说没有任何益处，他有什么必要和你说话呢？

No.1　利用"同体效应"打动谈话对象

在交谈中，你有没有遇到过这样的情形：一个人试图说服你，可你觉得那个人根本不理解你，不明白你的心情，不了解你的感受。所以，无论对方怎样苦口婆心对你说，即使事后证明对方是正确的，你当时也无法接受对方给出的任何建议，甚至懒得去听对方所说的话。

或者有这样的情形：当你试图说服别人，真心给别人建议的时候，对方却觉得你不理解他，也无法接受你的任何意见。所以，只有转换角度，把自己定位成对方的"同类"，对方才能感受到自己被理解、被接纳，也才会一步一步接纳你，继而接受你的建议。

一般来说，到了陌生的环境中，我们最先能接受的人，往往是和我们有共同点的人。这个共同点可以是爱好、习惯甚至是出生年月，正因为有共同点，我们才把对方看成自己的同类，从而信任对方。这在心理学上叫作同体效应，也叫自己人效应。在谈话中，能否让对方觉得你是"自己人"，几乎决定了谈话能否成功。

在我国，触龙说赵太后的故事一直被后世视为沟通技巧运用的经典，很多口才大师都把这个例子推荐给年轻人学习。这个例子就充分体现了"同体效应"。

在触龙说赵太后这个故事里，触龙想说服赵太后，请赵太后送儿子长安君去做人质。触龙先从自己年纪大、腿脚慢说起，说明自己和赵太后一样，都是老年人；然后又说起自己的儿子，利用同体效应，说明自己和赵太后一样，都是有子女的人，都疼爱自己的孩子。这样，赵太后就逐渐认同了触龙的观点，认为触龙是站在她的角度去想问题的。最终，赵太后听从了触龙的建议，从国家的大局出发，送儿子去做人质，以赢得救兵。

我们在说服别人的时候，要利用同体效应，让人感觉到你处处在为他着想，他的心思你明白，这样对方就容易接受你，愿意跟你交谈。要做到这一点，需要事先做好功课——你要真正了解谈话对象，并且把自己放到和谈话对象一致的位置上，这样才能成为谈话对象的"自己人"，消除谈话对象的戒备心理，赢得谈话对象的信任。

No.2 针对谈话对象提出问题分析问题

很多人说不好话，不是因为缺乏沟通的技巧，也不是因为缺乏交流的能力，而是因为没有针对谈话对象提出问题分析问题，总是站在自己的角度上提出问题，总是从自己的角度出发分析问题。

事实上，不同的人，由于生活经历和教育背景不同，由于思想观念和思考角度不同，所提出的问题和对问题的分析肯定有所不同。要想利用同体效应打动对方，就要针对谈话对象来研究问题，只有这样，才能真正实现双方的沟通和理解，实现谈话的双赢。

世界上没有两片完全相同的树叶，就算再亲密的朋友，看法也不可能永远一致。所以，要想缩短沟通时间，提高会谈效率，就一定要针对谈话对象提出问题分析问题。

一个犯人被单独收监，为了防止他自杀，狱警收走了他的腰带和鞋带。犯人在牢中瘦了整整 15 磅，因为腰带被收走了，所以只能提着裤子无奈地在牢房里打转。最后，他开始拒绝吃狱警从牢门下塞进来的残羹冷炙，想要绝食自尽。后来，他甚至出现了幻觉，嗅到了自己最爱的万宝路香烟的味道。

渐渐地，犯人发现，这味道并不是他的幻觉，因为透过牢门上的小窗，他看到门廊里那个孤独的卫兵在抽自己最爱的万宝路香烟，正悠悠地吐着烟圈。犯人萌生了抽烟的念头，他很想向卫兵要一支烟抽，于是，他轻轻地敲了敲门。

卫兵很傲慢，慢慢踱过来，问道："干什么！"

犯人结结巴巴地说："您抽的是万宝路吗？可以给我一支吗？"

卫兵想也没想就拒绝了囚犯，在他眼里，囚犯没有吸烟的权利。但是囚犯不甘心，决定再冒一次险，他又敲了敲门。

卫兵吐出一口烟雾，恼火地转过头，恶狠狠地问犯人："你又想干什么？"

犯人严肃地说道："对不起，我想要一支万宝路，否则我就在这牢房里装死。如果典狱长把我救活，我就说是你干的。当然，他们不会相信我的话。但是，你必须一次又一次地出席听证会，向每一个委员证明你是无辜的，你必须填一份报告。想想所有的这些后果，都是因为你拒绝给我一支劣质的万宝路香烟，你觉得值得吗？如果你给了我这支烟，我保证不给你找麻烦。"

最终，卫兵经过权衡，从小窗里塞给囚犯一支烟，并给他点上了火。

犯人为什么能够胜利？因为犯人针对卫兵提出了问题，并且从卫兵的角度分析了问题，因此说服了卫兵，得到了香烟。所以，如果你希望别人接纳你的观点，尊重你的看法，那么最好的办法就是站在对方的立场上提出问题分析问题，这样，你提出的问题才可能更切合对方的实际情况，也才可能更快地被对方接受。

No.3　利用同理心，理解谈话对象

同理心，通俗地讲，就是我们常说的换位思考，指在人际交往的过程中，能够体会他人的情绪和想法，理解他人的立场和感受，并站在他人的角度思考和处理问题。简单地说，同理心就是站在对方的立场上思考问题。在日常生活中，常常有人会这样说，"如果你在那个位置上，你也会那么做"，这就是利用同理心去解决问题。

同理心包含温暖与关爱，是一个人人格成熟和社会化的标志。拥有良好的同理心，也就拥有了感受和理解他人行为和处事方式的能力，你不仅可以知道对方明确表达的内容，还能够更深入地理解并把握对方隐含的感觉和想法。因此，同理心能够成为你与他人之间得以顺畅沟通的心理桥梁。

利用同理心，可以增强人际包容性，深入理解谈话对象。

有人认为，同理心就是迁就别人，丧失自我，是过度同情。其实这是一种误解。跟谈话对象的内心世界产生共鸣，并不是就此丧失自我的判断。人生而不同，对一件事情的看法也千差万别，往往并没有好坏对错之分，可能只是角度的区别。正因为如此，利用同理心可以增强人际包容性，深入理解谈话对象。

利用同理心，不是简单地认同，而是理解。

也许在谈话中，你面对的是一个你并不认同的对象，此时，你首先要学习深入自己的内心，发现自己不认同对方的原因，看看有没有自我不良情绪的投射；其次，你要跳出自己的圈子，深入到谈话对象的角度上去思考，理解他行为的深层原因；最后，你要把这种理解传递给他，同时也可以引导他产生同理心并进行自我审视。这时你们就产生了沟通，相互理解与包容的可能性也就大大增强了。

利用同理心，需要克服不良心态。

建立起良好的同理心，通常需要我们努力克服一些心理障碍。比如有些人在谈话中，会下意识地在心里这样想："我不需要对方的理解"，这是一种典型的以自我为中心的思维方式，在谈话中这是要不得的。如果在潜意识里有了这种心态，在交谈中就很容易碰壁，也很容易引起对方的不满，更别说建立起良好的同理心了。再比如，有些人在交谈中比较自我，总觉得"我什么都知道"，这种自我膨胀和过于自信的心态，也不利于同理心的形成，更难以真正理解谈话对象。

没有谁的人生经验是放之天下而皆准的，要学会放低自己的姿态，平等沟通，试着对周围的事物产生好奇和展开探索，多用开放式的语句，比如"我可能还不是很了解，请你告诉我"之类的话，这将成为建立同理心的良好开端。

利用同理心，理解谈话对象，并不是简单地认同对方，而是切实地针对谈话对象来说话，来展开话题。

一对夫妇跟团爬山，中途夫妇俩要求下车，然后携手去看风景。可他俩没走多远，就听见山坡上一声轰响，回头一看，原来发生了山体滑坡，夫妇俩刚才乘坐的大客车被滚落的巨石掩埋。夫妇俩迅速打电话报警，结果除了已经下车的夫妻俩，车上所有的人都在山体滑坡中丧命了。妻子感叹："咱们真幸运，及时下了车。"丈夫却说："不，要不是咱们下车耽搁了时间，他们就开过去了，不会恰巧在那个时刻经过山体滑坡的地点。"

由此可见，同理心的实质就是设身处地为他人着想，即想人所想，理解至上。只有这样，才能避免误解、多些宽容，避免冒犯、多些体谅。

孔子说："己所不欲，勿施于人。"《马太福音》里说："你们愿意别人怎样待你，你们也要怎样待人。"同理心，正是人类经过长期博弈，在付出惨重代价后，总结出的黄金法则。没有人是一座孤岛，社会是一个利益共同体，我们不能用自己的左手去伤右手，我们是同一棵树上的叶和果，只有互助性强的生物群才能生存。对人类而言，同理心是互助的前提；对谈话本身而言，同理心是针对谈话对象展开话题的基础。

No.4　针对谈话对象，同理说话的五个步骤

步骤一：以开放式问句提问。

所谓开放式问句，就是不止有一个答案的问句。比如询问某人对某件事情的看法，再比如请教某人某个问题。这样既可以让对方感受到尊重，又可以避免被对方质问。

步骤二：把握自己的感受。

同理心的起始是自己的感受，假如无法触及自己的感受，就很难体会他人的感受。因此，你必须在提出问题后，把自己调整到可以发掘自己的感受、可以体会对方感受的状态。

步骤三：表达自己的感受。

只有表达出和对方相似或者一致的感受，才能引起对方的注意，让对方感受到你的理解，令对方愿意接纳你，并且愿意继续和你交谈。

步骤四：倾听对方的感受。

一旦你自己的感受与表达方式不再干扰你的倾听，你就可以认真倾听对方的感受，然后从对方的感受里找到线索，挖掘进一步理解对方和深入谈话的机会。

步骤五：回应对方的感受。

用体谅来回应他人的感受，最好一听到他人的感受就做出某种反应，让对方意识到你听进去了，并且能体会他的感受。

课外辅导

用谈话对象的眼睛去发现问题

有一位母亲很喜欢带着 5 岁的女儿逛商店，可女儿却总是不愿意去，母亲觉得很奇怪，商店里的商品琳琅满目，小孩子为什么不喜欢呢？直到有一次，孩子的鞋带开了，母亲蹲下来为孩子系鞋带时，突然发现了一种从未见过的可怕的景象：眼前晃动着的全是腿和胳膊。于是她抱起孩子，快步走出商店。从此，即使是必须带孩子去商店的时候，她也要把孩子扛在肩上。

在儿童教育中，有这样一句话：蹲下来看看孩子的世界。在谈话中，也一样要用谈话对象的眼睛去发现问题。你眼里的海参鱿鱼，在对方眼里也许就是青菜豆腐；你眼里的琳琅满目，在对方眼里也许就是数不清的腿和胳膊。所以，用谈话对象的眼睛去发现问题，你才能够针对谈话对象把话说好。

第三篇　要获得朋友，还要会说话

第一课 一定要会坦然的沉默

谈话时，对方陷入沉默是很正常的。很多人在谈话时害怕冷场，于是就想尽办法去说话，事实上，真正会说话的人，并不是那些喋喋不休的人，而是那些很自然地说话，很自然地沉默的人。会说话的人，也一定要会坦然地沉默。这种沉默，既不是冷场，也不是淡漠，而是紧凑的谈话中的一曲轻松愉快的轻音乐。

No.1 沉默是一种实力

战国时期，有一位姓纪的先生替齐王养鸡，这些鸡不是普通的老母鸡，而是要训练好去参加比赛的斗鸡。姓纪的先生才养了10天，齐王就不耐烦地问："养好了没有？"纪先生回答："还没好，现在这些鸡还很骄傲，自大得不得了。"过了10天，齐王又来问，纪先生回答："还不行，它们一听到声音，一看到人影晃动，就会被惊动起来。"

又过了10天，齐王又来了，当然还是关心他的斗鸡．纪先生说："不成，还是目光犀利，盛气凌人。"10天后，齐王已经不抱希望了，来看他的斗鸡的时候什么也没问，没料到纪先生却主动开口："差不多可以了。鸡虽然有时候会啼叫，但是不会惊慌，看上去好像木头做的鸡，精神上完全准备好了。其他鸡都不敢来挑战，只有落荒而逃。"

人也一样。真正有实力的、会说话的人，其实并不是喋喋不休说话的人，而是很自然地说话，也很自然地沉默的人。

会说话的人，一定是一个会很自然地沉默的人。所谓"随风潜入夜，润物细无声"，春风之所以无声无息，是因为它有滋润大地的能力，无须聒噪喧哗。说话也一样，坦然地沉默，并不意味着退缩，而是一种实力。正如孔子教育他的弟子时所说的一样："天何言哉？万物生焉，四时行焉！"苍天沉默地演绎着四季的更迭，大地沉默地孕育着金秋的收获，冬日沉默地等待着姹紫嫣红的春天。在沉默中酝酿的话语，往往才是最有冲击力的表达，才是真正的"不鸣则已，一鸣惊人"。

曾经有个小国的使者来到中国，进贡了三个一模一样的金人，皇帝十分高兴。但小国的使臣却出了一道难题给皇帝：这三个一模一样的金人哪个最有价值？皇帝思来想去，试了许多办法，还请来工匠仔细检查，称重量、看做工，但始终没有发现这三个小金人的区别。

皇帝十分恼火，要求众位大臣一起来想办法。最后，一位老臣想到了一个好方法——他拿出三根稻草，分别从三个金人的耳朵里插了进去。插进第一个金人耳朵里的稻草，穿过金人的脑袋，从另一边的耳朵里出来了；插进第二个金人耳朵里的稻草，穿过金人的脑袋，从金人的嘴巴里出来了；而插进第三个金人耳朵里的稻草，穿过金人的脑袋，掉进了金人的肚子里，倒都倒不出来。

老臣笑着对皇帝说："第三个金人最有价值！因为它是最沉默

的人，善于听话，绝不外露。"小国的使节连连点头称是。

沉默，就是一种实力，坦然沉默的人，才是最可靠的谈话对象。从另一个角度来讲，坦然的沉默也是一种享受，比如和好友一起休憩的时候，观赏美景的时候，凉风习习的夏日傍晚和爱人一起散步的时候……在这些时刻，沉默反而比没完没了地说话更有意境，更能加深彼此之间的感情。

No.2　沉默不语方能不言自威

沉默蕴含着极大的能量，适时保持沉默，方能不言自威，因为谈话对象永远不知道沉默者的想法和将来的行动。所以，警察审问犯人时，往往会用沉默来攻破罪犯的心理防线，如果一个执法者长时间沉默地与犯人对视，犯人往往会渐生畏惧，最终坦白罪行。所以有些时候，不说比说更有力。

很多人有这样的经历：小时候，最怕的人不是喋喋不休的妈妈，而是沉默不语的爸爸；上学后，最听不爱唠叨不常见面的副科老师的话，最不听唠叨啰唆天天见面的班主任的话。

而在校园里，经常出现这样的景象：讲台上，一位老师正在激情澎湃、语言流畅地讲解课文，讲台下的学生却有的在睡觉，有的在聊天，有的在玩手机，有的在看杂志……这个时候，如果老师大声呵斥那些不听讲的学生，课堂气氛十之八九就会紧张起来，然而，过不了10分钟，上面的景象就会重现。可如果老师没有大声呵斥，而是停止授课、不言不语，那么几分钟后，所有的学生都会警觉起来，10分钟后，所有的学生就会规规矩矩地坐好，老老实实地准备听讲。因为沉默比语言更让人警觉，更让人紧张。

No.3 如何学会坦然地沉默

在谈话中，适当地运用沉默，能够收到意想不到的效果。

会沉默，首先要会表达。言简意赅地表达你的想法，不管是布置任务、批评建议还是倾诉自我，适当地沉默都可以起到"此时无声胜有声"的效果。

其次，沉默之前要"点到为止"。说话讲究"度"，点到为止，然后坦然地沉默，不仅能为谈话对象留足颜面，也能展示你宽广的胸怀，更能起到一定的威慑作用。

最后，坦然地沉默胜过千言万语，胜过万千争辩。在日常生活中，每个人难免会遇到不公的对待、别人的误解甚至言语的伤害。有些时候，纵然你有千言万语，也难敌是非之人、是非之语。这时，沉默胜过千言万语，清者自清，浊者自浊，沉默是最好的反击，也是最佳的回答。

高僧寒山和拾得有一段著名的的对话。寒山问拾得"世上有人谤你、欺你、辱你、笑你、轻你、贱你、骗你，如何处置？"拾得答曰："你且忍他、让他、避他、由他、耐他、敬他、不要理他，再过几年，你且看他。"这就是坦然沉默的最高境界！

很多时候，与其期望得到每个人的认同，浪费时间和精力反反复复地向不信任你的人解释某些事情，还不如选择沉默。对于理解你的人，不必解释；对于不理解你的人，解释可能会适得其反。沉默不是懦弱，而是积蓄力量之后最明智的抉择。

张国荣有首歌，歌名叫作《沉默是金》。歌中这样唱道："冥冥中都早注定你富或贫／是错永不对真永是真／任你怎说安守我本分／始终相信沉默是金。"

世事有时就像一摊被搅浑的水，适时地保持沉默，就是在静静等待所有是非的沉淀。武则天的无字丰碑是她死后的沉默，让千秋万代敬佩其睿智。功过任人评说，而她的作为却以无声的形式被永久地铭记在历史的风雨中。

愚蠢的人喜欢用嘴斗争，用高分贝来证明自己的能力，殊不知，过高的声音只能证明内心的软弱，真正聪明的人会坦然地沉默。所谓耳闻之事烂于心而绝于嘴，谋心之事烂于心而绝于舌，所以会说话，也一定要学会坦然地沉默。

No.4 沉默是一门艺术

人们常说：沉默是金，开口是银。话多，不能说明你贤；话少，也不能说明你愚。沉默既是一种处事哲学，又是一种艺术。开口说话很重要，但更重要的是要说适宜的话，要在适宜的时候说话。沉默是宽容、是深沉、是积蓄，是成熟的标志，更是价值的选择。

韩剧里正在进行爱的告白的男女主角们，话都是说得断断续续、欲言又止，这样才会显得柔肠百转。如果把这些深情的告白加快语速，就会完全失去本来的韵味。

教堂里正在布道的传教士，讲话都比较舒缓，有的时候会有意识地停顿或者沉默，目的就是为了给信徒精神上的抚慰，让他们感到精神放松，真正感受到宗教的真、善、美。

伶牙俐齿、妙语连珠，固然能让人刮目相看、钦佩不已，但是言多必失，说多了、说得不当，也会引来祸端。我们常因言多而伤人，更何况言语伤人胜于刀枪，因为刀伤易愈，舌伤难痊。

当然，沉默并不等于无言，它是一个积蓄酝酿的过程。就如同拉弓蓄力，为的是箭发时能铮铮有力，直冲云霄。

战国时期，楚庄王继位后，三年了却没有发布一条法令。左司马问他："一只大鸟落在山丘上，三年来不飞不叫，沉默无声，为何？"楚庄王回答："虽不飞，飞必冲天；虽不鸣，鸣必惊人！"果然，在这之后，楚庄王接连发布了九条法令，废除了十项措施，处死了五个贪官，选拔了六位隐士，使得国家昌盛，天下归服。

这才是真正坦然地沉默，所谓不鸣则已，一鸣惊人。沉默是一门艺术，学好这门艺术，说话的技巧也就掌握了一半。沉默是无声的语言，沉默是灵魂的语言，沉默更是一种修养、一种冶炼。沉默并不意味着绝对不说话，而是要少说话，要适时地说话。

课外辅导

在对话中，有哪几种沉默？

心理咨询家卡瓦那将沉默分为以下三种类型：创造性沉默、自发性沉默和冲突性沉默。

1. 创造性沉默。

它是指谈话者在对自己的言行、情感进行反思、体验时表现出的沉默。这种沉默往往能够孕育出新的思想观念和情绪体验，对谈话的深入发展颇有价值。

2. 自发性沉默。

自发性沉默也可称为中性沉默，它多发生在"不知从何说起"的情境中。这种情况在会谈的初始阶段较容易出现，谈话者把该说的问题说完之后，就不知下一步该说什么了。不知道什么是有关的，什么是无关的；什么重要，什么不重要；什么是谈话者想知道的，什么是谈话者不想知道的。

这种沉默往往表现为目光紧张不安地从一个地方移到另一个地方，或者不时地询问谈话对象："你的看法是什么？"

3. 冲突性沉默。

所谓冲突性沉默，是指谈话者由于愤怒、恐惧以及内疚感等负面情绪所引起的沉默。它的出现既可能是因为刚才所谈的内容触到了谈话者内心的痛处，也有可能是由于谈话者预感到将要谈到的话题对自己来说具有一定的危险性，还有可能是谈话者用沉默来表达对谈话对象的不满和愤怒。

第二课　一定要少说"我"

　　在对话中，尽量别说出"我"字，每次想说"我"字时，都改成"你"字或"他"字。为什么非要说"我"呢？"我认为""我觉得""我以为"……这个世界上充满了不同的观点，充满了不同的创意，"我"的就一定是对的吗？"我"的，只是在表现自己、挑战别人，而"你"的，则是在寻求帮助、寻求共鸣。所以，会说话，就要少说"我"。少说"我"，才能够获得更多的认同和机会。

No.1 说话时尽量避开"我"字

在儿童的成长过程中,最先学会的人称代词就是"我"。儿童的自我意识非常强,他们在学会"我"字之后,就会用"这是我的""我要"之类的字眼,来强调"我"的需求。在成长过程中,儿童渐渐学会"我们""你""他"等人称代词,这些代词的转换,意味着儿童要从心理上学会认知他人。而对于成年人而言,"我"则是一个需要少说甚至隐藏的代词,否则就有以自我为中心之嫌。在说话时,要尽量避开"我"字,弱化自己,强化对方,这才是真正会说话的表现。

曾经的媒体调查显示,人们在谈话中经常使用的词就是"我"。美国纽约电话公司就电话对话做过一次调查,最常使用的字正是"我"字,在 500 个电话对话中,"我"字被用了 3900 次。

然而,最让人开心的五个字却是"我以你为荣",最容易被人接受的提问句式是"您怎么看?"最容易得到帮助的三个字是"麻烦您!"最常使用、最容易被人接受的两个字是"谢谢!"而公认的最容易接受的一个字是"你"。由此可见,"你"或者"您",是最受欢迎的词。

一个满嘴称"我"的人，一个独占"我"字，随时随地说"我"的人，是一个不受欢迎的人。所以在说话时，应该尽量避开"我"字，多说"我们""你"或"您"。

曾经有心理学家做过这样的试验：让同一个人分别扮演专制型领导和民主型领导，然后调查人们对这两种领导的印象。最后的调查结果显示，民主型领导的团结意识最为强烈，使用"我们"的次数也最多；而专制型领导因使用最多的字眼是"我"而成为最不受欢迎的人。

事实证明，在谈话中使用"我们……"的说法，效果远远好于使用"我……"的说法。"我们"可以调动每个人心中的团结因子，"我们"这个词把听众也包含其中，会令对方心中产生一种参与意识。

十月革命刚刚胜利的时候，许多农民对沙皇深恶痛绝，坚决要求烧掉沙皇住过的宫殿。政府官员多次出面做工作，农民们都置之不理，不得已，列宁只好亲自出面。

列宁对农民们说："烧房子可以，但在烧房子之前，我们大家一起来思考几个问题可以不可以？""当然可以。"列宁问道："沙皇住的房子是谁造的？"农民们说："是我们造的。"列宁又问："我们自己造的房子，不让沙皇住，让我们自己的代表住好不好？"

农民们齐声回答："好！"列宁再问："那么这房子我们还要不要烧呢？"农民们觉得列宁讲得有道理，就同意不烧房子了。

其实，列宁之所以能够说服百姓，就是因为他从"我们"的角度出发，让农民们觉得"列宁同志是跟我们在一起的"，这样，列宁的提议就很容易被农民们所接受了。

说话时，尽量避开说"我"，用"我们"取代"我"，从"你"的角度说，不仅可以拉近彼此的心理距离，促进彼此的感情交流，还能尽快说服对方，得到对方的肯定和响应。

No.2 　一定要少说"我以为"

这个世界只有两种人，一种人每天都在不停地努力，另外一种人每天都在努力地辩解。这两种人在生活和谈话中的态度完全不同——前一种人常常会根据别人的建议不断努力，不断进步，不断更正自己，后一种人则会不断地替自己开脱，常常说"我以为"。

为什么很多独生子女生活能力较差，不会与人合作？就是因为他们常常说"我以为"。很多独生子女在家里受到百般宠爱，所以就总是以自我为中心，在与别人的交谈中总是说"我以为"，这就造成了沟通和交流的困难甚至还会有障碍。所以，会说话，一定要会少说"我"，特别是要少说"我以为"。

事实上，"我以为"，不仅仅是一种表达方式，更是一种思维方式。

"我以为"，也就是说话人本人以为，那么你以为的，就一定是对的么？

曾经，我大一下学期就考过了英语四级，大二上学期就考过了英语六级，于是，我以为自己的英语杠杠的，考研的时候几乎没有复习英语，于是，我以英语一分之差，名落孙山。曾经，我以为自己一向勤奋好学，定能在高考中脱颖而出，非北大清华学子莫属，于是夸下海口，剑指北京，结果高考时生病，发挥不佳。结果是无颜见江东父老，奔赴北京，直到多年后，有了一些成绩，才有脸和老同学们聚首。曾经，我以为在北京落下脚来，总该能赚些钱养家糊口，孝顺父母，结果苦逼生活才刚刚开始，生活开销，银行房贷，压得我喘不过气来……

"我以为"的，不过是"我以为"，而不是"你以为""他以为"，所以，不要总以为你是金子，总会发光，如果你见人都是"我以为"，那么最可能的结果，就是永埋砂砾。"我以为"自己是珍珠就会熠熠生辉，就不去甄别，鲁莽行事，结果明珠暗投。在友情中，"我以为"亲密无间，无视他人隐私，随意支配他人物件，结果友谊的小船说翻就翻。爱情里，"我以为"自己的想法和判定必定正确，然后妄自揣测，结果只能是不欢而散，爱情的大厦说倾即倾。

所以，别再让"我以为"毁了一切，从今以后，别再把"我以为"挂于嘴边，而将"我应当"置于脑子里吧。不管多好的朋友都应当亲密有间，多默契的恋人仍需要多多沟通和交流。凡事少说"我以为"，多想"我应当"。

No.3　如何恰当地说"你"说"我"

怎样才能恰当地在谈话中少说"我"，让对方感受到你的关心与体贴呢？

贝尔纳·拉迪埃是空中客车飞机制造公司的销售能手，当他被推荐到空中客车公司时，面临的第一项挑战就是向印度销售飞机。这是一件棘手的任务，因为这笔交易已由印度政府初审，未被批准，能否重新寻找到合适的机会，全看销售代表的谈判本领了。

作为销售代表，拉迪埃深知肩上的重任。他稍做准备就立即飞赴新德里。接待他的是印度航空公司的主席拉尔少将。拉迪埃到达印度，见到他的谈判对手后说的第一句话是："正因为您，使我有机会在我生日这一天又回到了我的出生地。谢谢您！"

这是一句非常得体的开头语，它简明扼要，但是却蕴含着丰富的内容。它表达了好几层意思：感谢主人慷慨赐予的机会，让自己在自己生日这个值得纪念的日子来到贵国，而且贵国是自己的出生地。这个开场白拉近了拉迪埃与拉尔少将的距离。不用说，拉迪埃的印度之行取得了成功。

拉迪埃靠着娴熟的销售技巧，为空中客车公司创下了辉煌的业绩。仅在1979年，他就创记录地销售出230架飞机，价值420亿法郎。其中不少应归功于他善于恰当地说"你"说"我"。

No.4 尤其要少说 "我" 的场合

1. 工作场合

在工作场合，与同事交谈或者与客户交谈，尤其要少谈 "我"，私人的事少谈，个人的见解少说。与同事要多说 "我们"，与客户也要多说 "我们"，只有这样，才能拉近彼此的距离，促进谈话的顺利进展。

2. 聚会场合

在聚会中，不论是与新朋友还是与老朋友交谈，都要少说 "我"，要以聚会的场景、聚会的焦点为主要的谈论内容，或者以对方为主要的谈论内容。

3. 商务谈判

在商务谈判中，所有的主题都应该围绕谈判内容展开。谈话中切忌涉及个人情感，切忌多说 "我"，因为你代表的并不是你个人，而是你背后的那个集体。所以，在商务谈判中一定要少说 "我"。

课外辅导

根据谈话对象和谈话环境确定是否说"我"。

第一，注意观察他人。

说话一定要看对象，要根据谈话对象的不同情况来确定自己说话的方向，确定如何不说"我"。如果对方是一个豪爽的人，那你说话就应该豪爽一点，常常说"我们"；如果对方是一个内秀的人，你说话就应该文明一点，常常说"你"。

第二，根据谈话需求确定是否说"我"。

说话还要看周边的情况，要能够恰当地和当时的情景融合到一起，避免说出不合时宜的话来。比如大家都在发言，说自己的一些情况，或者对方要求你说自己的一些情况，这时就要说"我"，而不是说"我们"或者"你"。

第三课　要会"听话"

只听字面的意思就做决定，机会可能会跑掉。很多时候，不是别人堵死了对话，而是我们不会"听话"。每个人的心底里都有一个"女人"，她说"不"的时候，就意味着"还有可能"；说"可能性不大"的时候，就意味着"可以这样尝试"。如果我们不会听话，那么我们的对话可能永远达不到预期的效果。

No.1 为什么要会"听话"？

会说话的人，一定要会听话，学会倾听对方的观点，从对方的话语中获得信息。有些时候，"听话"比说话更重要，"会听"是"会说"的基础。

你是否遇到过这样的情况？如果是自己提出的话题，就会侃侃而谈，但是一旦把话语权交给对方，在对方提出话题之后，就再也提不起兴趣了。倘若是自己感兴趣的话题还好些，倘若是自己不怎么关心的话题，就会失去交流的欲望，甚至再也听不进对方说的话。而当对方看到你如此表现，自然也就会逐渐打消继续交流和沟通的愿望，最终令双方不欢而散。

可如果你善于"听话"，情况就大不相同了。你积极地"听"，对方积极地"说"，然后在对方"说"之后，你加以引导，就会逐渐将话题引入彼此都感兴趣的方向，谈话也就能够接着展开，彼此也就能够愉快地沟通。

只有会听话，才能够真正地从谈话中获得知识、获得信息，收获真实的评价和成长的力量。

一位领导干部，上任之初第一次开会时，就讲了足足80分钟。

实际上他讲得不太好，讲稿冗长，有些话也并不符合实际，台下秩序因此有些混乱。但会后，竟然有人跑来拍马屁，说他的讲话高屋建瓴，即兴发挥游刃有余，台下群情激动，为领导的口才喝彩。对于这样的话，说者有心，听者也要有心，要学会听话，分出哪些是敬语、颂词，哪些是直言、忠告，哪些是阿谀之词。

《战国策》中有一个故事：邹忌与徐公比美，邹忌远不如徐公英俊，但那些有私、有畏、有求于邹忌的人，却众口一词说他比徐公好看。在现实生活中，这样的情形常常会出现，有些"好话"不仅脱离现实，背后更有私利在驱动。所以，一定要学会"听话"，不要被"好话"迷惑，甚至沉醉其中，脱离实际，从而造成决策上的失误。

要会"听话"，不仅要善听"好话"，还要善待"坏话"。所谓"朝无诤臣，则不知过；国无达士，则不闻善"。一个国家如此，一个人也是如此。学会听话，是进步的基础，只有那些知无不言、言无不尽的朋友，才是我们真正的朋友。

No.2　学会威尔德定理，学会聆听

英国管理学家威尔德曾经提出，有效的沟通始于倾听。在企业内部，倾听是管理者与员工沟通的基础，人际沟通始于倾听，终于回答，这就是威尔德定理。说的功夫，有一半都在听上，但是现实中，很多人并没有真正掌握"听"的艺术。

一个到海边度假的商人，站在一座小渔村的码头上，看到一个渔夫的小船靠了岸。船里放着一些很新鲜的大鱼，商人夸赞渔夫的鱼很大很新鲜，并问他捕这些鱼要花多长时间。

渔夫回答："先生，用不了多长时间，我才驾船出海几小时而已。"

商人有点困惑："你捕鱼的功夫这么好，为何不多捕一点呢？"

渔夫笑答："我干吗要那样做呢？我需要多余的时间做点别的事。"

商人又问："那多余的时间你用来做什么？"

渔夫说："我想做什么就做什么。我跟孩子玩耍，陪老婆睡午觉，每晚到村里跟朋友喝喝小酒、唱唱歌。我的生活过得美满又充实。"

商人嘲笑渔夫："哦，你实在是目光短浅。"他抛出名片，"我能帮助你。依我的看法，你每天应该多花一点时间打鱼，用赚的钱换一条大一点的船。不用多久，你又可以卖掉大船，再买几艘船，最后你可以自己做生意。你必须雇更多的渔夫，这你不用担心，我刚好认识能帮你招聘渔夫的人。"

渔夫睁大了眼睛。商人接着说："几年后，你可以直接把鱼卖给加工厂，最后，你可以自己开罐头厂。这样，你就能控制产品的生产和销售。当然，你还必须撤离这个小渔村，在市中心找个合适的地点。你知道，你必须扩大你的市场占有率。也许你会搬到更大的城市，在那里你可以完全掌握成功且不断扩大你的生意。"商人稍微停顿了一下，等着渔夫对他的意见表示采纳和感激。

渔夫思考了一会儿，问道："先生，这要花多长时间呢？"商人回答："哦，大概……15 到 20 年吧。"

渔夫皱了皱眉头："然后呢？"

商人笑着说："问得好，当时机对了，我会很高兴给你建议。你可以把公司上市，然后出清你手上的股票，你就会变得很有钱。你可以赚上几百万，甚至上千万。"

渔夫接着问："那么，接下来呢？"

商人说："嗯，最后你可以很有钱地退休，选择一个你和家人想要的生活环境。比如说，你可以搬到你喜欢的小渔村住下。你爱做什么就做什么，你可以陪孩子玩，中午陪老婆睡觉，每晚到村里和朋友喝个小酒、唱唱歌，你可以有美满又充实的生活。"

渔夫摇了摇头，最后说："先生，谢谢你给我的建议。不过如果你不介意的话，我想我还是省下这15年，过我现在的生活好了。"

商人和渔夫的对话，绕来绕去又绕回了起点，原因就是商人并没有真正聆听渔夫的话，渔夫也没有学会聆听商人的话。两个人都从自己的角度去想问题，而没有去听对方的需求和愿望，没有去听对方的意见和看法。

如果商人和渔夫能够根据威尔德定理，学会聆听对方的谈话，话题就可以顺利进行，那么商人的意见就可能被渔夫采纳和接受，渔夫就可能在现有的基础上过得更加富足。

No.3 如何倾听，才能让谈话更顺畅

1. 当你聆听的时候，身体可以向谈话对象略微倾斜。这样，谈话对象会感受到你的重视和尊重。

2. 在谈话中，你的目光可以在对方的眼睛和嘴唇之间移动。不要一直盯着对方的眼睛，也不要左顾右盼。

3. 学会聆听，就要学会不打断对方，不随便插话。当你有疑问的时候，可以在对方换气或是停顿的间隙提出你的意见。

4. 会听话，就要会复述对方说过的话。这样谈话对象就会了解到你在认真地听，并且记在了心上。

No.4 养成九种高效"听话"的习惯

学会高效"听话",要养成下面九种高效倾听的习惯。

第一,高效的倾听源于辛勤的实践。倾听时需要运用很多技巧,必须不断练习才能改进这些技巧。要利用自己身边的每一个机会实践倾听的技巧。

第二,养成善于从对方的言辞中发掘双方的共同爱好的习惯,把倾听作为寻找信息或更好地了解谈话对象的机会。

第三,时刻保持一种开放的心态。即便你对谈话者将要表达的意见持相反的观点,也不要大声地说出来。要认真地听,不做任何评论,理解对方的观点,调整自己的情绪,防止一些干扰性因素使自己情绪瞬间失控。保持冷静,维护谈话双方的关系。

第四,不分心。任何事物都可能使谈话对象分心,剔除干扰性因素,比如电话或传真机的铃声,拒绝一边听一边做其他的事情,也拒绝摆弄桌上的小物件,把所有的注意力都集中在谈话对象身上。

第五,把听到的内容和表达的形式区别开来。倾听的要义之一就是了解谈话者传达的所有信息,而不只是对方说了什么。所以,有必要把重点放在信息本身,把它与发言者的外表、着装、口音以及职位区分开来。

第六，理解非语言性的信息。不但要从发言者的言辞中捕捉到信息，还要理解对方的声音或语调变化、语速、面部表情、肢体动作以及手势背后隐藏的含义。

第七，利用积极的倾听帮助自己做决定。倾听其他人的观点、意见，用这些帮助自己做出明智的决定。

第八，了解"听见"和"听懂"的区别所在。任何生理条件正常的人都能听见声音，而高效的倾听者会积极地倾听，能理解语言和非语言性的行为，分析其各自表达的意思，并且让谈话对象明白自己在说什么。

第九，每次倾听都要有一个明确的目标。可以是寻找事实，也可以是寻求理解或指导。哪怕是成为一名"欣赏式倾听者"或"设身处地式倾听者"也都是可以的。

课外辅导

如何让对方知道自己暂时没有时间倾听？

美国联邦快递投诉部门的一位经理人，自己正忙于处理重要的工作，没有时间倾听客户抱怨的时候，就会把一卷录音磁带放在自己的办公室门口。微软公司的一位经理人在忙碌的时候，只要看到有人走进自己的办公室，就会马上站起来，这一行为立刻向对方传递了一种信号：自己现在没有时间听他说话。

很多经理人都会设定时间限制，他们会说自己只能抽出10分钟的时间，如果10分钟不够的话，他们会建议对方改天再来。而迪士尼梦工厂的一位经理人，一旦没有时间听对方说话，就会说"我正在为迈克尔·迪士尼做一项特殊的工作"。这一招屡试不爽，对方会立刻从他的办公室里离开。

有些经理人会改变自己的办公桌椅的摆放角度，这样他们就不会脸冲着办公室的门了。很多研究显示，当经理人及他们的座位面向办公室的入口时，来访者的数量会增多。只要把办公桌倾斜45度，当有人经过门口并往里看时，经理人的视线不会与之相交，来访者就会少很多。

所以，如果你暂时没有时间倾听，不妨尝试一下上面的小技巧，能帮你减少很多的麻烦和无谓的消耗。

第四课　如何回答才是正确的

别人骂你一句，你回骂他一句，这叫吵架。别人赞美你一句，你回一句赞美，这就叫社交。不仅仅是在社交场合，就是夫妻之间、父子之间、朋友之间，也一定要会如何回答。不会回答的人，只会堵死对话，只会让人不再愿意和他对话。

231

No.1　三寸之舌，强于百万雄兵

古人云："一人之辩，重于九鼎之宝；三寸之舌，强于百万之师。"可见能言善辩何其重要。一个语惊四座的奇思妙答，能迅速扭转谈话僵局，赢得对方的赞叹。

项羽灭秦时，范增曾献计项羽，建议他除掉刘邦。为达到这个目的，范增给项羽出了一个主意，提议项羽派刘邦去镇守南郡。如果刘邦答应去，项羽就可以说"南郡守山川之险，系屯兵要地，居心叵测，日久必反"，然后以谋反之罪将刘邦杀掉；如果刘邦拒绝去，项羽就可以以违令之罪杀掉刘邦。总之，欲加之罪，何患无辞。

于是，项羽在上朝时，要求刘邦去镇守南郡。面对项羽的要求，刘邦这样回答："臣如陛下之马，鞭之则行，收辔则止，唯大王之命是从。"刘邦巧妙地回答了项羽的要求，既没说愿意去，也没说不愿去，而是把自己比作项羽的坐骑，任由项羽差遣。如此一来，项羽事先想好的计谋就没了用处，刘邦也侥幸逃生。

中华人民共和国成立初期，西方国家一直不愿承认我国的国际地位，于是我国领导人出席国际会议时，总是遭到西方记者的百般刁难。

有一次，周恩来总理出席一个国际会议，一位外国记者就将一个个犀利的问题抛了过来。这位记者首先发问："你们中国是社会主义国家，为什么也要按照西方的习惯把道路叫作'马路'呢？"周总理听出了这句话的弦外之音，略为沉思后如是回答："因为我们走的是马克思主义道路，所以简称'马路'。"

这名记者仍不死心："为什么我们美国人总是昂着头走路，而你们中国人却是低着头走路？"周恩来总理理直气壮地回答："因为我们走的是上坡路，而你们走的是下坡路。"

这名记者被周总理滴水不漏的回答弄得面红耳赤，当他发现周恩来总理拿着美国产的"派克"钢笔时，迅疾再次发问："请问周先生，既然你们国家也生产钢笔，为什么你要使用我们美国制造的'派克'笔呢？"周恩来微笑着回答："这是一位朋友在朝鲜战场上缴获的'战利品'，是送给我做纪念的，所以我一直把它带在身边。"

周总理如此出色的回答，为国家赢得了荣誉，为中国人长了志气。

古人云："一策而转危局，一语而退千军，一计而平骚乱，数言而定国基。"曾有人这样说："你的世界是由你的嘴巴建造的。"所以，会说话，一定还要会回答。好的回答好比千军万马，可以让你克敌制胜，无往不利。

No.2 会回答问题的两个先决条件

要学会回答，可以采用传统的回答问题的策略来学习、锻炼自己：先把对方可能问到的问题列出来，然后再列出一份相应的答案表。这是一种简单的因果式策略，这么做是非常有必要的。在这个学习、锻炼的过程中，最关键的就是要解决两个先决条件。

条件一：你必须回答来自谈话对象的任何问题。

只要对方提出问题，你就必须回答。不管这样的回答是正面的还是侧面的，不管这样的回答是真实的答案还是拒绝的言辞，都是一种回答。所以，当你开始谈话，就肩负了回答的义务，无论什么问题，哪怕你并不知道答案，也要想好措辞，妥善回答。

在回答问题时，不要试图去回避问题的本质，也不要试图推卸责任。你对每一个问题所做出的回答，都必须诚实、坦率，即便你无法回答、感到难堪，也要想好措辞，让对方能够理解你的回答，能够体谅你的难处。

条件二：预测答案并且对答案加以管理。

提前去预测自己可能碰到的棘手的问题，并尽可能地从多种渠道去搜集问题的答案，然后预测问题的答案。如果这个答案能够说服你自己，那就很有可能说服别人。

最了解我们自己的不是别人，而是我们自己。把重要的问题列出来，设想最糟糕的情况，你就可以从容面对一切问题。把问题清单整理好之后，仔细地反复检查，然后预测所有问题的答案，并对问题加以管理，以便所有的答案都能够证明你的立场，说明你的方向，就能很好地为你的谈话目的服务。

No.3 巧妙应答的七种方式

回答的目的是为了沟通，因此，回答成为了在沟通的过程中表达自己的观点，陈述对事物的看法，最终解决问题的一种有效的方法。由于交谈背景、交谈内容、交谈对象和交谈形式的不同，应答方法也就复杂多样。按照应答的特点，我们把应答的方法分为下面七种：

第一种，坦诚直率回答法。

这种方法直截了当、观点鲜明，不含糊其辞，不拖泥带水。

一个面试官给前来面试的年轻人出了一个奇怪的问题："一架波音 737 飞机有多重？一架波音 737 飞机里可以装多少个高尔夫球？"

年轻人先是一愣，随即拿起笔煞有介事地算了起来，过了好一会儿，年轻人才讪讪地回答："抱歉，我不知道答案。"面试官笑了，说："这个问题我们也知道答案，测试的就是你的果断和勇气。如果你一开始就有勇气果断地说'我不知道'，那么你就能够顺利通过这个测试！"

事实上，不管你是否知道问题的正确答案，坦诚直率地回答知道或者不知道，了解或者不了解，就是一种勇气、一种魄力。

第二种，避实就虚回答法。

对于有些问题，我们可能不便回答，只能避开事情的真实情况，避实就虚来回答。避实就虚，类似于太极拳的以柔克刚。

1972 年 5 月，美苏首脑举行最高级别会谈期间，美国国务卿基辛格在莫斯科的一家旅馆里，向美国记者介绍美苏关于签署限制战略武器协定的会谈情况。

一位记者探问："我们有多少潜艇导弹正在配置分导式多弹头？有多少'民兵'导弹正在配置分导式多弹头？"基辛格笑答："我不知道正在配置分导式多弹头的'民兵'导弹有多少。至于潜艇，数目我是知道的，但我不知道这个数目是不是保密的。"记者回答："不是保密的。" 基辛格进而反问："不是保密的吗？那你说数目是多少呢？"

基辛格避重就轻、避实就虚，巧妙地回答了记者的问题，保守了国家机密。

第三种，出奇制胜回答法。

对于有些问题，不同的人给出的答案都差不多，千篇一律，让人厌倦。如果你能够给出一个与众不同、观点新颖、别具特色的答案，那么谈话对象一定会对你印象颇深，甚至刮目相看。

一位刚毕业的大学生到一家公司求职，人事经理冷冰冰地对他说："你没有经验，我们不能录用你。"大学生从容地回答说："如果一开始就把一只幼虎拦在狩猎圈外，您觉得那只虎可能成为猛虎吗？"大学生凭借其机智的回答，出奇制胜地赢得了人事经理的青睐，获得了工作的机会。

第四种，改头换面回答法。

遇到对方与自己意见相左的情况，我们可以先给予对方肯定，让对方在交谈中获得一种尊重感和满足感，然后再委婉地表达出自己的观点。

一个长相奇丑的女士，想挑逗一位风度翩翩的男士。她问这位男士："请问我是不是长得很美？"男士微笑着对女士说："其实每一个女人都是从天上坠落的天使，只不过有的人是脸先着地罢了。"表达一种意思有千百种方法，这位男士巧妙地换了一种说法，既回绝了对方的挑逗，也不至于让对方太难堪。

第五种，仿效回击回答法。

这种方法是按照对方提问的形式，仿造相同或相似的语句予以回击。一般适用于对付一些不怀好意的提问，正所谓以其人之道，还治其人之身。

李时珍从小跟随父亲学医，小有名气。一次，他的邻居故意为难他："腊月被蛇咬伤，怎么医治？"李时珍随即回应："取五月五日南墙下的雪涂抹，即可痊愈。"邻居不解地问道："五月哪有雪？"李时珍于是反问："腊月哪有蛇？"李时珍巧妙地运用仿效回击的方法，将"腊月"仿效为"五月"，"蛇"仿效为"雪"，干净利落，给提问者以有力的回击。

第六种，模糊回答法。

对于有些问题，如果无法回答，那就模糊自己的答案，给对方一个似是而非的回答，给对方留出一些想象的空间。汉语中有大量的模糊词语，巧用模糊词语，可以很好地模糊自己的答案。

在面试时，常常会有很多针对性非常强的问题，比如："你对薪水的要求是多少？"

那么，在不能够确定对方可能提出的薪资水准和自己的心理价位到底有多少差别的时候，也可以采取模糊回答的方法："正常水准吧。我想您会根据我可能对公司做出的贡献，有所决断的。"

第七种，妙加前提回答法。

当有的问题我们不能直接反驳，也不能不回答时，我们不妨巧妙地给问题加一个前提，通过缩小问题的外延来完善自己的观点。

　　一次，一个记者问了前外交部长李肇星一个有趣的问题："李部长，您认为您长得美吗？"李肇星回答说："我的母亲从来不认为我长得丑。"李肇星巧妙地给记者的提问加了"母亲"这个前提，从而完美地回答了记者的提问。

课外辅导

回答问题的基本步骤是什么？

1. 分析问题；

2. 论述问题；

3. 打破僵局；

4. 选择适合自己的谈话角色；

5. 表现良好的个人修养；

6. 化解谈话中的矛盾；

7. 解决问题；

8. 达成一致。

第五课　会说真话

　　用你真实的感觉把话讲出来，不要偷懒地依赖你讲话的套路，即使不流畅、多费字句也没关系。为什么有的时候，我们更相信孩子说的话？更容易被那些毫无文采、缺乏知识的底层求助者打动？就是因为他们说的是真话。真实的语言拥有强大的力量，即使不通畅、啰唆甚至存在语法错误，都不会影响它的力量。

No.1   真实的话是一杯解渴的水

真话好比一杯水，没有颜色，没有添加剂，也没有味道，但它最解渴。真实的话，自然、简单、和谐。在人际交往中，建立和谐共赢的关系，离不开彼此心灵的沟通和坦诚的交流。有的事情，任凭有如何高明的计谋，如何周密的策略，都无法解决，却可能因为真实的语言而轻而易举地被解决。

心理学家经过研究发现，在人际互动的过程里，除了双方的价值观与信念的差异会影响沟通的效果外，还有一个非常重要的非理性元素能影响沟通的质量，那就是沟通中双方心灵的开放程度，以及对对方心理需求的回应与满足的程度。

如果双方在谈话中，最大限度地开放自己的心理空间与情感空间，势必带给对方更多的理解和共鸣。如果两人的价值观与信念有较多的交集，那么即使他们的生活状态差异较大，不能共事合作，也至少能通过真实的沟通，促成双方之间良好的友谊。由此可见，真实的话语能帮我们交到真正的朋友，能让交谈双方相互信任，从陌生人变为知己。

俗话说，情出于真，真生出亲。亲密关系是心灵润滑剂，是生命得以丰富和成长的"维生素"。会说话，就要会说真话，真实地与人沟通，这样我们才能赢得友谊，赢得信任，得到生命的滋养。

No.2　用真话赢得一切

华人首富李嘉诚，想必每个人都不陌生。曾经有记者问他："您认为自己最大的优点是什么？"李嘉诚的回答只有两个字：真实。

20世纪50年代，顺应香港经济转轨的大好形势，李嘉诚投身新兴产业——塑胶行业。由于李嘉诚做过多年的销售，所以推销产品轻车熟路，第一批产品顺利卖出。接下来是第二批、第三批、第四批……订单似雪片般飞来，李嘉诚的塑胶厂不得不加大生产力度，以求在最短时间内生产出最多的产品。

为了加速生产，李嘉诚开始招聘工人，只经过短暂的培训就单独上岗，并实行三班倒工作制，一切都是为了增加产量。然而，就在这个紧要关头，李嘉诚的塑胶产品出现了质量问题。据一个客户反映，他们厂生产的塑胶制品质量粗劣，这个客户还提出了退货的要求。可是，李嘉诚手里还攥着一把订单，其他的客户还在不断地打电话催货。

李嘉诚清楚，如果不能按约定时间正常交货，是要违约的。李嘉诚一方面为产品的质量担忧，一方面又为产品数量发愁，这让李嘉诚骑虎难下。可是，由于设备陈旧、时间紧迫，要确保质量绝非易事。

于是，这样一幕情景摆在了李嘉诚的眼前：仓库里到处都是因质量欠佳和延误交货退回的玩具成品，不少客户纷纷上门要求赔偿。

最后，李嘉诚思索再三，决定坦率地承认自己的错误。

李嘉诚召开了全体员工大会，他向全厂员工表示，自己盲目地扩大生产，不仅拖累了工厂，损害了工厂的信誉，还连累了员工。他向这些日子以来被他无端训斥的员工赔礼道歉，并表示从今以后保证与员工同舟共济，绝不损害员工的利益而保全自己。

紧接着，李嘉诚一一拜访银行、原料商和客户，向他们认错道歉，请他们原谅，并保证一定在放宽的限期内偿还欠款，对违约金一定如数付账。李嘉诚真诚的解释和道歉，得到了大多数人的谅解。

可见，真话的力量足以征服所有愤懑不满的心灵。

李嘉诚的长江塑胶厂在走到第 7 个年头的时候，已具备了一定的规模。这一年，为了借鉴先进的生产技术，李嘉诚赴意大利考察塑胶花生产工艺，回到香港后，他率先推出塑胶花产品，赢得了市场的广泛好评。此后，为了不断开发新产品，李嘉诚不惜重金网罗全港最优秀的塑胶人才。但是，由于资金和设备有限，个别客户还是担心长江塑胶厂不能及时交货。

有这样一位外商，他向长江塑胶厂订购了一大批产品，为了防止李嘉诚不能及时交货，就提出要求，要李嘉诚找一家有信誉的厂商做担保。李嘉诚几经努力，未能找到担保人，最后，他只得无奈地对这位客户说："我不得不如实相告，我没有找到担保人。"

然而，令李嘉诚意外的是，外商被他的诚实打动了："说实话，我本来不想做这笔生意了，但是你的坦白让我很欣慰。可以看出，你是一位诚实的君子。诚信乃做人之道，也是经营之本。所以，我相信你，愿意和你签合约，不必其他厂商作担保了。"

可是接下来，事情又有了戏剧性的转变，李嘉诚居然拒绝了对方的好意。他坦诚地说："对于您的信任，我十分感激。但由于我们资金有限，确实无法完成您这么多的订货。所以，我还要遗憾地说，我不能跟您签约。"

听到李嘉诚真诚的解释，这位外商竖起了大拇指。他最终决定预付货款，帮助李嘉诚顺利完成订单。借着这次大好机会，李嘉诚迅速扩大了长江塑胶厂的生产规模，开始向着香港塑胶花大王的成功旅途启航。

真话，为李嘉诚赢得了未来，赢得了成功。

No.3　说真话，会道歉

说真话，还要学会及时认错，学会真诚道歉，这样，才能令言辞更真实，沟通更顺畅。

我国历史上著名的军事学家孙子曾说过这样一句话："过也，人皆见之；更也，人皆仰之。"说的就是犯错误时，人们都能看到；改正错误，就会受到人们的尊敬。会说话，就要会说真话，说真话里最难的，就是真诚地道歉。犯错误不可怕，可怕的是一个人已经发现自己错了，却不肯承认错误，不愿意说出真话，不愿意向他人道歉，甚至想方设法地找理由为自己辩解。

一家权威调查机构曾以道歉为题做了一次调查。调查结果显示，84.0%的参与者认为"道歉有用"，而具体到谈话中，51.8%的参与者表示"如果错在我，我会及时道歉"，40.5%的参与者则表示"即便错不在我，我也会礼貌性道歉"。可见，绝大多数人认为，在交谈中，如果与交谈对象出现矛盾冲突，道歉不失为一种有效沟通的方法。

事实上，道歉最重要的不仅仅是要说出"对不起""我错了"这几个字，更多的是要说真话，哪怕真实的情况有损我们的形象，也要如实地说出来，这样才能真正赢得对方的尊重。真诚的道歉可以让对方看到我们的诚意，修缮双方的关系。

美国的一位公关专家曾说过："学会真诚地道歉，是一项重要的社会技能。真诚地道歉，将会使人们感受到人与人之间最美好的情感。"那么，如何才能真诚地道歉呢？

1. 发现错误后要坦白。

在交往过程中，一旦发现自己做错了事或者说错了话时，一定要坦白，这样就可以最大限度地弥补自己的过失。如果因为某些原因不能马上坦白，日后也要寻找机会，及时说明真相。

2. 道歉时态度一定要真诚。

如果我们用恶狠狠的语气道歉，对方不但无法感受到诚意，而且还有可能使双方的关系更加恶化。在道歉的时候，一定要语气真挚，态度真诚。道歉时眼睛不要看着地面，而要抬起头，看着对方的眼睛，这样对方才相信你说的都是真话。

3. 道歉一定要实话实说。

说真话，道好歉，也要实事求是，切忌夸大其词，不要一味将错误往自己身上揽，否则，谈话对象不仅感受不到真诚，反而会觉得你虚伪。道歉时只要实话实说，让对方知道自己为什么道歉即可。

No.4　会说真话三要诀

美国著名小说家西奥多·德莱塞曾说过这样一句话："真实是人生的命脉，是一切价值的根基。"的确，一个人若是能够与人进行真实的沟通，那么他将赢得他人的尊重和信赖。那么，怎样才能说好真话，实现真实的沟通呢？

要诀一，坦荡做人，磊落做事。

一个人只有毫无邪念，心藏正气，才能对真善美的事物予以关注和欣赏，也只有这样的人，才能坦坦荡荡地做人，光明磊落地做事。坦荡做人，磊落做事，就是说人在一生之中，无论处于何种境地，是贫是富，不管大权在握，抑或人微言轻，都坚守心灵的真诚纯洁，胸襟宽阔地为人处事。孔子曰："君子坦荡荡，小人常戚戚。"坦荡做人，磊落做事，才能做到心无芥蒂，说话真实。

要诀二，善意开口，理解对方。

说真话，就要会善意地开口，多多理解谈话对象。真话有不同的说法，事物有多个侧面，要说出善意的那一面，说出对谈话有利的真实的那一面，要从对方的角度考虑，说出理解对方的那一面。只有这样，才能让对方感受到你的真诚，才能让对方相信你的话。

要诀三，适度交流，有的放矢。

不是什么时候都能说真话，有的时候，说真话反而会给自己和对方带来麻烦。比如在宴会上，你发现谈话对象的衣服上有瑕疵，你就不能直言相告，你可以隐讳地提示对方："您看您是否需要去一趟洗手间？"这样的交流，要比直言相告"拉链门"事件正在发生要妥当得多。

而有的时候，真话不宜太多，毕竟彼此的生活背景、教育背景、理解方式不同，有时你说真话，反而会引起对方的反感，反而会让对方认定那是有目的的假话。比如你为某人买了一份礼物，就没有必要告诉对方价格，如果对方追问，也没必要实话实说，可以含糊回答，也可以转移话题。如果你真的实话实说了，反而有可能对两个人的关系产生不良的影响。

课外辅导

1. 场面话也要适当地说。

虽然我们强调真实的沟通，但是由于人际关系的复杂性，我们不得不在一些时候说几句场面话。如果撇开道德的标准，善意的谎言也是一种智慧。所以有的时候，也要适当地说一些无碍原则、无碍是非的场面话。

2. 真实沟通，并不意味着事事都要如实告诉对方。

与人沟通是一种双向的交流活动，双方都在仔细地观察对方的情绪、言语变化，以便随时应对。真实沟通，并不意味着事事都要如实告诉对方，如果对谈话目的无益，或者跟谈话目的无关，就没有必要提及，也没有必要如实回答。

3. 真实要有度，不要什么都如实相告。

真实要有度，有的时候，过度真实反而会让对方厌倦甚至怀疑。比如有些涉及隐私的事情，就完全没必要甚至不能如实相告；对于有些涉及工作机密、国家机密的事情，绝对不应该如实相告。

第六课　急事慢慢说，坏事好好说

在高手面前，不懂装懂是没用的，只会自曝其短。要珍惜遇到高手的机会，好好把道理听懂。生活又不是有奖金的抢答竞赛，请问你一直抢答做什么呢？很多人喜欢抢话，就像机关枪一样突突突地说话，另一个人一句话也插不进去的情况，于是，插不进话的人就失去了交流的欲望。所以，再急的事情也要慢慢说，再坏的事情也得好好说。

喂，喂，你会不会划船？我们赶紧划到对岸去！
作为鸭子，你觉得我们有必要划船到对岸吗？
紫丫生孩子了，我要送她一张婴儿床，她住在对岸，我们得划船给她送过去！
急事要慢慢说，事情才能说明白。
又不是有奖金的抢答竞赛，粉丫别着急！
老公，快点快点，我想早点看到紫丫的小宝宝。
粉丫闭嘴，唠叨半天你都没说紫丫的家在哪儿！
是啊，你这么着急，我一句话也插不进去.不告诉我紫丫的家在哪儿，我往哪儿划呢？
会说话，要会急事慢慢说，坏事好好说。

No.1　有话就要说

　　自由顺畅地对话，不仅可以解决问题、激发灵感，还可以激发创造性，促进个人成长。那么，究竟如何才能自由顺畅地交流呢？有理有节，有礼有序，才算真的会说话。纵然在欧美议院里，激烈辩论的场面颇多，然而在现实生活中，要真正自由顺畅地交谈，还是要学会急事慢慢说，坏事好好说。

　　古希腊最伟大的雄辩家狄摩西尼曾说："一条船可以从它发出的声音知道它是否破裂，一个人也可以由他的言论知道他是聪明还是愚昧。"会说话的人，一定不是说话着急的人。有话就要说，急事慢慢说，坏事好好说。

　　石油大王洛克菲勒在 1915 年还是科罗拉多州一个不起眼的小人物。当时发生了美国工业史上最激烈的罢工运动，并且持续了两年之久。愤怒的矿工要求科罗拉多燃料钢铁公司提高薪水。当时，洛克菲勒正负责管理这家公司。由于群情激愤，公司的财产遭受破坏，军队前来镇压，因而造成流血事件，不少罢工工人被射杀。就在民怨沸腾之际，洛克菲勒勇敢地站了出来，发表了一次充满真情的演说，就是这次演说，不但平息了众怒，还为洛克菲勒赢得了赞誉。演说的内容是这样的：

"这是我一生当中最值得纪念的日子，因为这是我第一次有幸能和这家大公司的员工代表还有公司行政人员和管理人员见面。我可以告诉你们，我很高兴能站在这里，我在有生之年都不会忘记这次聚会。

"假如这次聚会提早两个星期举行，那么对你们来说，我只是个陌生人，我也只认得少数几张面孔。由于上个星期以来，我有机会拜访整个南区矿场的营地，和大部分代表私下交谈过，我拜访过你们的家庭，与你们的家人见过面，因而现在我不算是陌生人，可以说是大家的朋友了。

"基于这份相互的友谊，我很高兴有这个机会和大家讨论我们共同的利益。由于与会人员是由资方和劳工代表所组成，承蒙你们的好意，我得以坐在这里。虽然我并非股东或劳工，但我深觉与你们关系密切。从某种意义上说，我也代表了资方和劳工……"

就是洛克菲勒的这番演讲，最终获得了罢工工人的认同，他以真诚的态度赢得了大家的支持。所以，有话就要说，该说话的时候就要站出来，积极地沟通和交流，勇敢地承担谈话的责任和义务。

No.2　急事慢慢说

遇到急事，如果能沉下心思，然后不急不躁地把事情说清楚，会给听者留下沉稳、不冲动的印象，从而增加他人对你的信任度，进而解决问题。

某精密机械厂生产某项新产品，将其部分部件委托一家小工厂制造，当该小厂将零件的半成品呈示机械厂时，却不符合该厂的要求，机械厂负责人只得令其尽快重新制造。由于着急，和这家小厂接洽的机械厂的业务经理火急火燎地要求小厂将零件全部返工。小厂的负责人严词拒绝，反复声明自己的产品是完全按照机械厂的要求制造的，拒绝返工。就这样，双方僵持了许久。

最后，机械厂厂长了解了情况，问明原委后，他对小厂负责人说："我想这件事完全是由于我方设计不周造成的，而且还让你们吃了亏，实在抱歉。幸好你们交了半成品，才让我们发现产品设计竟然有这样的缺陷。只是事到如今，事情总是要完成的，你们不妨将它制造得更完美一点，这样对你我双方都是有好处的。"那位小厂的负责人听完这话，欣然应允。

急事也要慢慢说，再急的事情，也要弄清楚、说明白，还要讲究说话的方式和技巧，否则就会忙中出错，越忙越乱。

No.3　坏事好好说

说话是一个传递信息的过程，即便是坏事，也要通过说话传达出去，或者要通过说话予以解决。

美国前总统尼克松曾在政治上出现过严重的信任危机。1952年，当年轻的他担任参议员时，与艾森豪威尔同时参加竞选。就在尼克松为竞选奔忙时，《纽约时报》却刊登了揭露他在竞选中秘密受贿的文章。一时间这条新闻飞遍全国，舆论哗然，尼克松的压力越来越大，在选民中出现了信任危机。在危机时刻，尼克松做了一次震撼全美的讲话。

当时，尼克松被要求在电视台发表半小时的讲话，向全国解释秘密受贿这件事，全国的电台、电视台都将话筒和镜头对准了尼克松。当尼克松在电视屏幕上出现时，整个美国都安静了下来。

尼克松说了整整半个小时，对于这件坏事，他说得清楚而感人。他把自己的财务全部公开，从自己的家产一直谈到自己的负债。尼克松详细地说明了自己的经济收入，连自己和家人如何花掉每一分钱都认认真真地告诉了听众。最后他还告诉大家，"这次竞选提名之后，我确实收到了一件礼物，那就是在得克萨斯州，有人送给我的孩子一条小狗。"

当尼克松讲完后，欢呼声响彻美国。100多万人打电话、发电报或者寄信件给尼克松，而从邮局汇来的给尼克松的小额捐款竟然高达6万美元，全国6000万人反复收听尼克松的这次讲话。就这样，尼克松把坏事变成了好事，赢得了民众的支持。

拳王阿里年轻时不善言辞。在一次比赛中，阿里膝盖受伤，阿里没有拖延时间，当即要求停止比赛，观众大失所望。阿里真诚地说："膝盖的伤还不至于重到不能比赛，但为了不影响观众观看比赛的兴致，我请求停赛。"阿里诚恳的解释，改变了大家对他的印象。虽然他不善言辞，但却顾全大局，为观众着想，最终成了深受观众爱戴的一代拳王。

我国有句老话，"塞翁失马，焉知非福"，所以即便遇见坏事，也要泰然处之，坏事也要好好说。要记住，坏到最后，只能转好，坏事好好说，奇迹就会出现。

No.4 急事缓说，坏事好说，才能成功

弘一大师说："无论做什么事，都要用一颗平等的心对待，如果心中对事情有急缓的区分意识，那是不对的，不对就要改，就要急事缓说，急事缓做。"

对于急事，太急着说，反而说不透，容易丢三落四，无故浪费时间。再急的事情，也要想透了再说，这样才可以一鼓作气，不费时间、说个明白，效果还不错。

坏事好说，因为再坏的事情，也有好的一面。曾经有一个将领被敌军围困，粮草殆尽，城中军心不稳，民心慌乱。这名将领站在城池之上，先告诉了大家一个坏消息："请大家一定要节约粮草，军需官今天告诉我，我们的粮草只够全城军民维持三天的生活所需。"城池之下，一片哗然。紧接着，这名将领又说："不过，还有一个好消息告诉大家。军需官今天还告诉我，我们还有上千袋喂马用的黑豆可以食用，这些黑豆足够全城上下维持一周了！"城池之下欢呼一片。

其实，这就是在将坏事好好说。如果将领先说只有喂马的黑豆可以吃了，全城军民就会心慌意乱，可他先说粮草不足，又说还有黑豆可以吃，大家就安心多了，而坏事也就被将领说成了好事。

急事慢说，坏事好说，才是真正的会说话，也才能沟通成功。

课外辅导

学会急事慢说、坏事好说的三个难点：胆、声、情。

胆：哪怕遇到再急的事情、再坏的事情，也要勇于承担，不要着急、不要害怕，要有胆子。很多着急的事情，很多糟糕的事情，都令人心烦，令人忧愁，而且往往是"怕什么来什么"。可越怕就越乱。所以，一定要有胆量，才能做到急事慢说，坏事好说。

声：是指说话要会用气、用声，开口说话声音要洪亮、悦耳，吐字要清晰。越是着急，越要说清楚，切莫因为说话声音小而显出畏惧和怯懦来。

情：是指讲话要有感情。讲话平淡如水、没感情，语气没变化，谈话对象就意识不到问题的重要性和必要性。

第七课　会说话，还要会认输

把无谓的胜利丢给对方，懂得认输的人会说话。在每个人的内心里，都希望自己能够胜利，不管是在职场，还是在平时的生活中，谁都希望自己是那个最后的胜利者。不过，会说话的人，一定是那个会认输的人。与其争个高低胜负，让对方再也不愿意继续和你谈话，不如大方认输。真输假输彼此心里都有数，在日后的交往中，对方也会坦诚相待，日后还可以继续交往。

$No.1$　认输是智者的风范

美国有一位拳王说过，任何拳手都不可能打败所有的对手，好的拳手知道在恰当的时候认输。及早认输，下次还有赢的机会，如果逞能，让对手把你打死了，或把你拖垮了，你不是连赢的机会也没有了吗？

在交谈中，如果双方观点不一致，就可能发生争执，这个时候，如果双方都据理力争，那么谈话就很难再继续下去。如果有一方主动认输，不管这一方是否真的理屈词穷，都是一种风范、一种姿态，而谈话也就能够进行下去了。

在现实生活中，学会认输，就是看清现实、看到差距、承认错误；在谈话中，认输的目的在于扬长避短。人与人之间，由于经历和成长环境不同，在智力、体力、技艺和知识方面总会有差距存在，如果明知自己技不如人，还不知道后退一步，而是与人硬拼，那就只有彻底输掉自己；如果知道自己对了，对方错了，不愿认输，那就是过于较真。既然你已经知道自己是对的，不妨退一步，既显示了自己的风范，也跳出了与对方的争论。

认输是智者的风范，会说话，要会认输。认输并不是真正的输，而是韬光养晦，是怡然自乐，是成人之美。所以，会认输的人，才是真正优秀的沟通者。

No.2　"认输"是谈话的"救星"

很多时候，在交谈中，"认输"可以成为谈话的"救星"，认输不仅可以打破沉闷的僵局，还会打动对方，让对方也不由得检讨自己。你认输之后，对方反而会有兴趣继续与你交谈，甚至愿意和你成为朋友。

不服输，是现代人成功的必备品质，而懂得认输，也是成功路上不可或缺的要素。懂得认输，就可以避免无益的竞争、无谓的耗费，学会认输，就能够以退为进，赢得韬光养晦的机会。在谈话中适当地认输，并不代表着懦弱和胆怯，而是一种清醒理智的表现。生活中，我们不可能时时处处是赢家，如果对任何事情都不认输，最后输掉的反而可能是自己。

从前有个开当铺的老翁，在年底的时候遇到了一个穷邻居前来纠缠。穷邻居和当铺的伙计拉拉扯扯，非要取走典当的衣服。伙计忿忿不平地对老翁说："这个人将衣物押了钱，现在却空手来取，我不给他，他就破口大骂。您说，有这样不讲理的人吗？"穷邻居却是气势汹汹，不仅不肯离开，反而坐在了当铺门口。

老翁见此情景，俯身对那个穷邻居说："我明白你的意图，不过是为了度过年关。这点小事，值得争得这样面红耳赤吗？"于是，他让店员找出了那位邻居典当的几件衣服，然后把御寒的棉袄和拜年穿的外袍都给了穷邻居，穷邻居拿到了两件衣服，不好意思再闹下去，就离开了。

令人吃惊的是，第二天传出了穷邻居在夜里死在了别人家里的消息。原来，穷邻居和别人打了一年多的官司，因为负债太多，没法再活下去，但他死后，妻儿就将无依无靠。于是他就想了个损招——自己先服了毒药，然后去有钱的人家寻衅闹事。

穷邻居知道开当铺的老翁家富有，想敲诈一笔安葬费，结果没想到，老翁宁可认输，也不与他争执，于是他就转而到了那户和他打官司的人家。最后，那户人家只有自认倒霉，出面为他发落丧葬事宜，并赔了一笔"丧葬金"给穷邻居的妻儿。

人们常常称赞不服输的人是好样的，事实上，在谈话中认输的人也是好样的。只有懂得认输，学会认输，才可能是最后的赢家。用争论的方法，谈话双方都得不到满足，但是用让步的办法，让步一方将可以获得比预期更多的收获。

No.3　如何去认输

"认输"两个字，说起来容易做起来难。要想会"认输"，就得一步步认真学习"认输"。

第一步，谦虚谨慎，承认自己的不足。

作为普通人，我们不可能时时刻刻都正确无误，即便聪明过人，也不应当炫耀自己的才干和智慧。谦虚使人进步，要学会"认输"，先要学会谦虚谨慎，学会承认自己的不足。

三国时期，曹操的谋士杨修骄傲自大，恃才放旷。有人送了曹操一盒酥，杨修看到"一合酥"三个字，就自作聪明，将"一合酥"解释为"一人一口酥"，拆开盒子，让大家一人一口把这盒酥吃掉了。再后来，杨修在随曹操进兵汉中之时，又擅自将曹操传下的"鸡肋"的口令解释为"鸡肋"之战，早弃为妙，终被曹操以扰乱军心之罪处死。倘若杨修能够收敛一些，少自作聪明，多谦虚"认输"，也就不会被曹操假以军纪斩首示众了。

所以，不管什么时候，不管多大年纪，不管在什么场合，都要谦虚谨慎，勇于承认自己的不足。不用担心"认输"会被人耻笑，会认输，才算会说话。

第二步，适当地控制或隐藏自己的情绪。

不管对方是对是错，都要适当地控制或者隐藏自己的情绪。要想谈话顺畅地进行，就要让对方感受到被尊重，如果你轻易地对对方的错误观点嗤之以鼻，或者轻易地驳斥对方的话语，那么对方很容易在逆反心理的作用下与你针锋相对，于是谈话就很难继续进行。

第三步，认输是一种学习，认输是一种进步。

三人行，必有我师焉。不管是谁，都有值得学习的地方，所以在谈话中，要尽量放低自己的位置，让对方感受到尊重和愉悦，这样才能促进谈话的顺利进行。认输是一种学习，是一种进步。认输的同时，你可以更好地看清谈话的发展趋势，更好地学习到对方身上的优点，更快地了解到更多的信息。

No.4 会认输、不较真

会认输的人绝不是较真的人，要想学会认输，就要做到以下三点：

1. 拆掉思维里的墙

在谈话中，不要固守自己的思维模式，固守自己的观点和看法。其实很多观点并没有对错之分，思维有很多模式、很多角度。所以，一定要拆掉思维的墙，学会从多个角度用多种方式去分析问题，这样就可以在很大程度上避免固执己见，避免一味地较真。

2. 不以认输为输

为什么有的人不会认输，甚至有的人宁死都不肯认输？就是因为这些人认为输赢有关尊严，有关荣誉。事实上，在谈话中，认输并不是真正的输，学会认输是为了能够更好地赢。越王勾践的故事妇孺皆知，谁能说他真的输过？所以，不以认输为输，才能真正学会认输，才能成为真正会说话的谈话者。

3. 灵活认输绝不较真

有的时候，认输比争辩更有力度。试想，如果你的谈话对象是一个无中生有、言辞激烈甚至满嘴脏话的人，你还有必要去和这样的谈话对象较真，争个输赢吗？所以，认输一定要灵活，谈话一定别较真。有时候，灵活地认输，也是提升自己在谈话中的地位的有效手段。

课外辅导

"认输"是不是"服输"？

会说话，还要学会认输，但是认输并不是"服输"。每个人都在为自己的理想、自己的人生而奋斗，在奋斗的道路上，我们不能够"服输"，即便是"认输"，我们也要有卧薪尝胆的斗志，勇敢向前，绝不服输。但是我们要会"认输"，只有"认输"，才能发现自己的不足，才能够在谈话中赢得尊重，才能够获得更多的信息和帮助，有利于自己的成长，有利于取得最终的胜利。

第八课　最好的"会说话"，就是会肯定自己

世界很大，成功的定义有很多种，在找到你的战场之前，别轻易说自己是失败者。所以会说话，一定要会肯定自己。只有先肯定自己，才能够激励自己，才能够相信自己，从而不断地努力，不断地进步，从而真正做到"会说话"。

No.1　会肯定自己，才会得到肯定

2009 年 12 月 1 日晚，清华大学伟伦楼国际报告厅里座无虚席，来自澳大利亚的无肢男子尼克，以一场名为"成功之道——态度决定高度"的演讲，震撼了听众的心灵。那晚，能容纳 400 人的报告厅被千余名听众挤得水泄不通，连过道和讲台周围都站满了人。

尼克生性乐观，尽管没手没脚，却快乐地生活着，并且创造了一个又一个生命的奇迹。在演讲过程中，他不知感动了听众多少次，甚至在演讲结束时，面对如潮水般涌来拥抱自己的人群，尼克还是一如既往地幽默应对："Now you can come to hug me. But please don't have me with you, as I can not stop you.（你们现在可以过来拥抱我了，但是请别把我带走，要知道我是阻止不了你们的）。"

在很多人看来，尼克是上帝的弃儿，他生下来就没有双臂和双腿，只在左侧臀部以下的位置有一个带着两个脚趾头的小"脚"。然而尼克却说："没有谁是天生的失败者！因为坚持下去还有成功的机会，还有希望，而放弃则一无所有。"

13 岁那年，母亲给尼克看了一份刊载着残障人士的相关新闻的剪报，那份报纸不但开阔了尼克的视野，还改变了尼克对生命的

看法。从那一刻起，尼克便不再期望得到别人的同情，因为他知道，只有自己肯定自己，别人才能肯定自己。尼克振作起来，在父母的帮助下，他学会了写字、游泳、驾驶快艇、打高尔夫……他甚至学会了冲浪，还独创了将冲浪板旋转 360 度这样的高难度动作。

19 岁时，尼克开始周游世界，他告诉每一个自己见到的人，要相信自己，既然神创造了我们，就会让我们有用，他鼓舞了无数个绝望中的生命。2005 年，尼克被授予"澳大利亚年度青年"的荣誉称号。尼克最终得到了全世界的肯定，而这一切，首先离不开他对自己的肯定。

没有人是天生的失败者。在天生无肢的尼克眼中，残疾只不过是一个与众不同的标志。而尼克也以自己的行动证明了自己的"与众不同"：这位能够鼓励他人并改变自己和他人的命运的演讲家，足迹已经遍布了 26 个国家，至今已经在世界各地进行了 1600 场演讲。如今，他仍然会源源不断地接到全世界数千家机构的邀请。

所以，最好的"会说话"，是会肯定自己。尼克先肯定了自己，才得到了世界的肯定，并在一次次讲演中，得到了所有人的肯定。试想，如果在谈话的最初，你就怀疑自己，否定自己，还怎么能够期望谈话对象肯定你、支持你呢？而在生活中，如果你总是怀疑自己、否定自己，你还如何成就自己、走向成功呢？

No.2　谈话时，多用积极的字眼

会肯定自己的人，说话通常会用肯定的语气；信心不足的人，则多用怀疑的字眼。在谈话中，你的语气和态度，肯定会影响谈话对象的情绪，所以要多用积极的字眼肯定自己，这样才能够影响对方，引导谈话顺利进行。

王洪对眼下的工作不太满意，想找份新的工作。就业形势不太乐观，他投了很多简历，但只得到了两家单位的面试通知，而在第一家单位，面试还没结束，面试官就拒绝了王洪，他备感沮丧。

在接下来的第二家单位的面试中，面试官问王洪："你是否应聘过其他公司？"

"是的。我去别的公司面试过。"

"结果如何？"

"不很理想。"

"为什么？你知道原因吗？"对方追根究底。

"呃，可能是因为我不够优秀吧。"

接着，王洪沮丧地把自己近期的状况如实说了出来，包括自己

对应聘的这份工作的信心不足，对改善自己生活状态的信心不足。

这次面试的结果可想而知。王洪的失败跟他的消极沮丧不无关系，他谈话时的用词处处显露出自己的不自信，于是面试官也自然认为他是个信心和能力都不强的人。

其实有时候，只要改几个字，就会使你看起来自信满满。把"还可以"换成"好极了"；把"有点兴趣"换成"非常着迷"；把"一般"换成"太棒了"；把"普通"换成"不得了"；把"应该能够胜任"换成"有信心胜任"，等等。多用积极的字眼，选用那些能使你振奋、进取、乐观的词句，它们将带着你向期望的方向发展。

No.3　先肯定别人，再肯定自己

一句肯定的话，如黑夜中的火光，可以让人找到方向。肯定自己之前，一定要先肯定别人。

在美国，一个叫布里吉斯的女子曾发起过一个名为"蓝丝带"的运动。她请每一个拿到蓝丝带的人在丝带上写上赞美别人的话，然后再送给别人。一位女士送给他不苟言笑的上司一条缎带，上面写着："由于您的严厉，让我学习到严谨的做事态度，非常感谢您。"这位上司非常讶异，由于不苟言笑，自己的人缘并不好，却有人会把自己的严苛态度当作正面的影响，甚至向自己致谢。

此后，上司的态度由强硬转变为柔软。同时，这位女士送给上司另外一条缎带，希望他也能写一些赞美和鼓励的话送给别人。上司左思右想，想到自己平常对儿子总是百般苛责，很少有机会赞扬他，于是上司在蓝色缎带上写道："亲爱的儿子，你的存在让我感到骄傲，我以你为荣。"

没想到，上司的儿子看到这条缎带上面的字之后号啕大哭，原来他一直以为父亲不在乎自己，甚至有过轻生的念头，然而这句话却让他的人生观产生了180度的大转变。在缎带中，儿子找到了自己存在的价值，找回了生命的意义。

在你肯定了别人之后，就该发掘自己存在的价值，肯定自己了。

在朱元璋做皇帝之前，曾经有谋臣这样鼓励他："即使别人不把你当人看，你自己也要把自己当人看，如果连这点信心都丧失了，还怎么雄霸天下？"诚然，不可能人人都雄霸天下，但是，若要成功，我们必须先认可自己、肯定自己，然后才能得到别人的认可与肯定。

毛遂自荐的故事在我国已家喻户晓。毛遂是战国时赵国平原君的门客，平原君手下的门客不下千人，毛遂是怎样在这么多的门客中脱颖而出，得到平原君的赏识的呢？原因只有一个，那就是他首先在平原君面前进行了自我肯定。所以，最好的"会说话"，就是会肯定自己。

No.4　肯定自己的四条原则

在谈话中，肯定自我的时候，要始终坚持实事求是的态度，遵循以下三个原则：

原则一：始终要以现在时态而不是将来时态进行肯定。

小丽和小芳谈的男友家里都不是很满意，但两人为了爱情义无反顾，和男友携手步入了婚姻的殿堂。婚姻开始的日子都很清贫，不过小丽和小芳都不后悔。

一次有人问两个人："你们现在幸福吗？"小丽回答："我现在很幸福。"小芳则回答："我将来会很幸福。"经年之后，小丽的婚姻还完好如初，和丈夫相濡以沫，而小芳早已和丈夫分道扬镳。小丽从一开始就肯定了自己的幸福，而小芳从一开始就幻想将来的幸福，不去肯定眼前的幸福，于是两人的爱情也就形成了落差。

原则二：始终要以最积极的方式进行肯定。

李岚不是一个很勤奋的员工，工作作风甚至可以说有一些懒散，她的同事张华也是如此，两人常常在上班时间聊天。后来恰逢经济萧条，公司要裁员，老板要两个人写书面检讨，并说她俩只能留一个。最终张华留了下来，因为她跟老板保证说："我会越来越勤奋，越来越能干。"而李岚只说了一句，"我不会再偷懒了"。可见，用积极的方式做正面的肯定，效果会好很多。

原则三：一般来说，肯定词越简短，也就越有效。

自我肯定，一定要传达出强烈的情感，一定要陈述清晰，情感传达得越多，给人的印象越深。

运动员在每次比赛前，都会与教练讨论战略战术，预期比赛中自己的表现。在这样的交谈中，教练的肯定是必须的，而运动员的自我肯定也是非常重要的。一个好的运动员，在比赛前与教练的谈话中，会积极地肯定自己，暗示自己，这不仅为自己增长了信心，也让教练更好地了解到自己的心理状态和精神状态后，为自己提出更好的建议，让自己在比赛中发挥出最佳的水平。

课外辅导

如何说好肯定自己的话?

在与他人的交谈中,肯定自己的话一定要说得婉转。

在一个人的时候,肯定自己的话就一定要说得直接明了。

一个人的时候,可以大声地进行自我肯定,也可以把自我肯定的话写在纸上,甚至可以歌唱或吟诵。每天坚持进行有效的自我肯定的练习,就能逐步改善自己的心理状态和生活状态。

肯定的话可以是:

在我所从事的领域,我是出类拔萃的!

我有足够的能力和智慧来实现自己的美好愿望!

我能够实现自己的目标!

我自信、热情、成熟!

总之,最好的"会说话",就是说好肯定自己的话。向自己展示一个完美的自我,向别人展示一个自信的你,你就能够迈向成功!